© Verlag Zabert Sandmann
München
5. Auflage 2007
ISBN 978-3-89883-164-2

Redaktion: Karen Guckes-Kühl, Julei M. Habisreutinger

Textbeiträge und redaktionelle Mitarbeit: Heike Wörner

Rezepte und fachliche Mitarbeit: Martina Solter (Dipl. oec. troph.)

Graphische Gestaltung: Kuni Taguchi

Illustrationen: Barbara Markwitz, Frank Duffek

Foto Buchumschlag (vorne): Willi Weber, ProSieben

Herstellung: Karin Mayer, Peter Karg-Cordes

Lithographie: Christine Rühmer

Druck und Bindung: Mohn media Mohndruck GmbH, Gütersloh

Dieses Buch entstand in Zusammenarbeit des Verlags Zabert Sandmann (www. zsverlag.de) mit ProSieben.

besser essen

LEBEN LEICHT GEMACHT

Nicola Sautter & Dr. Stefan Frädrich

ZABERT SANDMANN

Inhalt

Liebe Leserin, lieber Leser!

»Der Fette soll nicht in unsere Mannschaft! Der ist so langsam!« Sätze wie diese sind schon tausendmal im Schulsport gefallen, wenn es darum geht, zwei Mannschaften zu bilden, die gegeneinander antreten sollen. Der Junge, der hier als »Fetter« bezeichnet wird, ist tieftraurig. Er weiß, dass er nicht mithalten kann. Das ist für ihn schon schlimm genug. Aber dann auch noch so offen deshalb abgelehnt zu werden, von den eigenen Klassenfreunden!

»Hast du etwas Schönes zum Anziehen gekauft?«, wird die heimkehrende Tochter gefragt. »Nö«, lautet die knappe Antwort, »hat mir alles nicht gepasst.« Die Fünfzehnjährige verschwindet in ihrem Zimmer und schaltet den Computer an, wo sie im Chatroom mit Freundinnen plaudert und mit Jungs flirtet. Da sieht sie wenigstens keiner. Rausgehen, auf Partys flirten, das ist nichts für sie. Sie beachtet ja sowieso keiner, mit dem ganzen Speck auf den Hüften. Wie gerne wäre sie dabei, wie gerne würde sie einmal im Mittelpunkt stehen, einmal bewundernde Blicke ernten! Aber das wird wohl nie etwas, wie denn auch, mit Klamottengröße 44?

Wenig Trost für Übergewichtige

Einen einzigen Trost gibt es für die beiden, einen ganz kleinen: Sie sind nicht allein mit ihrem Problem. Der Anteil der übergewichtigen Kinder und Jugendlichen im Alter von 4 bis 17 Jahren in Deutschland beträgt rund 15 Prozent – eine beachtliche Menge, und die Tendenz ist steigend. In einer Großstadt wie Frankfurt am Main bringt schon jedes sechste Kind im Alter von 6 Jahren zu viel auf die Waage. Wenn die Kinder die Grundschule dann vier Jahre später wieder verlassen, ist bereits jedes vierte übergewichtig.

Doch damit ist es mit dem Trost auch schon wieder vorbei. Es hilft dem oder der Einzelnen nämlich gar nichts, zu wissen, dass es anderen genauso geht. Das taugt allenfalls als vorgeschobene Entschuldigung. Tief drinnen in der Kinderseele setzt sich mit der Zeit eine ganz hartnäckige Traurigkeit fest, die sich nur noch betäuben lässt mit Fernsehen, Computerrollenspielen oder – mit Essen.

Ein Teufelskreis schließt sich aus zu viel Essen und zu wenig Bewegung, noch mehr Essen und noch weniger Bewegung. Wer dieser Spirale nicht eines Tages entrinnt, wird auch als Erwachsener nie mehr schlank. Das Statistische Bundesamt hat ermittelt, dass im Jahr 2005 erstmals schon die Hälfte aller Erwachsenen mehr Körpergewicht mit sich herumträgt, als noch als »normal« gilt.

Die Fastfood-Gesellschaft

Dünne Kinder galten noch in den Sechzigerjahren als Zeichen von Armut in der Familie. Ein halbes Jahrhundert später hat sich das Problem ins Gegenteil verkehrt. Wohlstand zeigt sich in einem schlanken, sportlich fitten Körper. Die Supermamis in der Werbung sind selbst tendenziell untergewichtig, die Väter dynamisch, die Kinder tollen herum und haben Spaß an der Bewegung.

Auf der anderen Seite ist das Nahrungsangebot so groß und so verlockend wie nie zuvor. Lebensmittel gibt es in den reichen westlichen Ländern wie Deutschland überall und ständig.

Alles gibt es fertig, nur noch in die Mikrowelle oder in den Backofen schieben, und schon steht das Essen auf dem Tisch. Alles gibt es jederzeit. Hunger? Nur in den Kühlschrank greifen, schon kann man sich das Nötige in den Mund schieben.

Familienmahlzeiten? Überflüssig. Jeder kann sich immer dann etwas warm machen, wenn er Hunger hat. Wie praktisch! Alles gibt es in riesigen Mengen. Monströse Greif-zu-Tüten in der Süßigkeitenabteilung im Supermarkt, XXL-Popcorn im Kino, Megaburger bei MacFood, Limo in Zwei-Liter-

Flaschen. Alles schmeckt supersüß, supersalzig, superfett, und superlecker. Also nichts wie rein damit. Noch dazu sagt uns die Werbung ständig, wie gesund Schokoaufstriche sind und wie nahrhaft das »kleine Steak« im bunten Becher.

Vorbildrolle Eltern

Wer all dem widerstehen will, braucht schon starke Abwehrkräfte – psychische Abwehrkräfte, die erst mit besserem Wissen entstehen, mit der Erfahrung oder einfach mit den Jahren.

Ein Kind hat diese Abwehrkräfte noch nicht. Wie soll es lernen, wie gut ein Salat schmecken kann, der mit frischen Kräutern gewürzt ist und mit einer leichten Vinaigrette, wenn es ständig nur pappige Fertig-Dressings über fertig geschnittenes Grünzeug geschüttet bekommt? Woher soll es wissen, wie gut Wasser den Durst löscht, wenn ihm ständig süße Limos auf den Tisch gestellt werden?

Kinder können sich nicht selbst vor dem Überangebot schützen. Dazu brauchen sie ihre Eltern und alle anderen Erwachsenen, die mit ihrer Erziehung beschäftigt oder zumindest beauftragt sind.

Es verwundert nicht, dass viele dicke Kinder auch dicke Eltern haben, die selbst nicht mit dem Überfluss zurechtkommen. Es erstaunt auch nicht, wenn vor allem solche Kinder Probleme mit Übergewicht haben, bei denen kaum mehr Familienmahlzeiten gepflegt werden.

Beliebte Ausreden

Als Grund für ihre bequemen Ernährungsgewohnheiten führen viele Eltern an, dass sie weder die Zeit noch das Geld, noch beides zusammen hätten, um sich selbst und ihre Kinder ohne Fertigprodukte zu ernähren. »Ich kann nicht mitten am Vormittag um 10 Uhr frisches Gemüse auf dem Markt einkaufen, da muss ich arbeiten!«, klagt manche berufstätige Mutter, und sie hat Recht. »Wir haben kein Geld, um im Bioladen einzukaufen!« bedauern manche Eltern, und sie haben Recht.

Jeder kann etwas ändern

Doch weder das eine noch das andere ist unbedingt nötig, um der Familie wohlschmeckendes und gesundes Essen zu ermöglichen. Auch mit kleinem Zeit- und Geldbudget lassen sich abwechslungsreiche und gesunde Mahlzeiten zubereiten, die auch Kindern schmecken. Jede Familie kann das, mit ein wenig mehr Wissen um gute Ernährung und mit ein wenig mehr Cleverness beim Einkaufen.

Auch die Kinder können mithilfe ihrer Eltern lernen, dem Druck der Werbung und des Überangebots standzuhalten. Ganz langsam werden sie die XXL-Jeans wieder ablegen, sich wieder T-Shirts in Normalgrößen anziehen können, mit den anderen beim Sport mithalten und nicht mehr gehänselt werden. Sie werden die Chance bekommen, auch als Erwachsene schlank zu bleiben und im Leben erfolgreicher zu sein.

Es ist im Wesentlichen eine Frage des Wissens und der guten Lebensführung, nicht eine Frage von Zeit und Geld. Jede Familie kann etwas ändern. Nehmen Sie es jetzt in Angriff! Dieses Buch zeigt, wie das gelingen kann. Viel Erfolg und Spaß dabei wünschen

Nicola Sautter und
Dr. med. Stefan Frädrich

Besser essen – warum?

Jedes siebte Kind in Deutschland ist zu dick, und dicke Kinder sind oft unglückliche Kinder. Sie brauchen die Hilfe ihrer Eltern, um ihre Zucker- und Fettkarriere zu beenden und wieder attraktive, coole Kids mit guten Zukunftsaussichten zu werden.

Besser essen – warum?

› 15 Prozent der Kinder und Jugendlichen in Deutschland tragen ein deutliches Übergewicht mit sich herum. Die meisten leiden an Körper und Seele. Sie werden gehänselt, sind schlechter im Sport, ziehen sich hinter den Fernseher oder Computer zurück und vereinsamen zusehends. Manche sind Zuckerjunkies und haben Krankheiten wie Erwachsene. Schuld sind schlechte Ernährungsgewohnheiten in der Familie, gefördert von Werbung, Fastfood, Fertiggerichten und der eigenen Bequemlichkeit.

Schwimmbäder sind Orte der Wahrheit. Mit Badehose und Bikini lässt sich kein Speck mehr verstecken. Nicht umsonst greift fast jede Frauenzeitschrift im Frühjahr mindestens eine »Bikini-Diät« auf. Sie lassen all jene, die mit ihrem Körper unzufrieden sind, glauben, es wäre ein Leichtes, die Idealfigur zu erreichen. Wer schon Diäten hinter sich gebracht hat, weiß es besser.

Wer sich dann im Schwimmbad einmal von den eigenen körperlichen Unzulänglichkeiten löst und den Blick in die Runde schweifen lässt, kann das Problem selbst sehen: Eine Menge Kinder sind ganz schön pummelig. Bei den Kleinen, die gerade erst schwimmen lernen, kann das eine oder andere Gramm zu viel noch als »Babyspeck« durchgehen. Doch mit dem Babyspeck ist es spätestens vorbei, wenn das Kind zur Schule geht. Im Kindergartenalter wachsen die Kleinen in die Höhe und lassen ihren Babyspeck hinter sich – aber nur, wenn sie gut ernährt sind. Schlecht ernährte Kinder beginnen jetzt schon, erste Ansätze von Schwimmringen um die Hüften zu entwickeln.

XXL-Kinder

Die Zukunft sieht für die dicken Kinder nicht gerade rosig aus. Welche Art von Körper werden sie wohl haben, wenn sie größer werden? Aus den meisten kleinen dicken Kindern werden große dicke Kinder. Das sind jene XXL-Jungs im Schwimmbad, die sich beim Sprungbrett sammeln und unter dem Gegröle der anderen als »Bombe« im Wasser landen und Rekordversuche beim Weitspritzen unternehmen. Oder jene Mädchen, die sich nicht am Beckenrand räkeln, sondern von weiter hinten dem Treiben zuschauen, wo sie nicht so auffallen.

Jedes siebte Kind ist zu dick

Solche Beobachtungen lassen sich überall anstellen: In den Geschäftsstraßen der Innenstädte, bei Jugendtreffs, in Kindertagesstätten und in jeder Schule. Sie sind inzwischen statistisch belegt. Das staatliche Robert Koch-Institut in Berlin hat in einer europaweit einzigartigen Studie ermittelt, wie es um die Gesundheit der Kinder und Jugendlichen in Deutschland bestellt ist. Dabei kam heraus, dass 15 Prozent der 4- bis 17-Jährigen übergewichtig sind, Jungs genauso wie Mädchen. In einer durchschnittlichen Schulklasse sind demnach rund fünf Kinder dicker, als es der Gesundheit zuträglich ist. 6 Prozent der Kinder, so ergab die Studie weiterhin, sind so schwer übergewichtig, dass Ärzte sie als fettleibig (adipös) einstufen.

Der Anteil der kleinen Schwergewichte nimmt von Altersstufe zu Altersstufe zu. Bei den Kindern zwischen 3 und 6 Jahren bringen 9 Prozent zu viel auf die Waage. Zwischen 7 und 10 Jahren steigt der Anteil auf rund 15 Prozent. Danach jedoch, im Alter von 11 bis 13 Jahren, sind schon 17 Prozent der Kinder schwerer als die Gesundheitspolizei erlaubt. Erst im Teenie-Alter, wenn die großen Wachstumsschübe kommen und die Kinder mehr auf ihr Äußeres achten, geht der Anteil wieder leicht zurück.

Unterschiede zwischen den Geschlechtern oder zwischen Ost- und Westdeutschland hat die große Kindergesundheitsstudie nicht gefunden, wohl aber Unterschiede zwischen den sozialen Schichten. Während bei den Grundschülern aus besser gestellten Familien weniger als 9 Prozent zu viel wiegen, finden sich in sozial schwach gestellten Familien mehr als 21 Prozent übergewichtige Kinder.

Dicke Kinder sind mittlerweile so zahlreich, dass sie und ihre Eltern eine eigene Kundengruppe darstellen. Ein großer deutscher Versandhandel bringt schon einen Katalog mit Kindermode in Übergrößen heraus: Kleidung nur für dicke Kinder.

Von Jahr zu Jahr runder

Die erste ärztliche Untersuchung im Leben, an der – abgesehen von der bei der Geburt – alle Kinder in Deutschland teilnehmen müssen, ist die Einschulungsuntersuchung. Dort werden die Sechsjährigen gewogen und gemessen, und es wird geprüft, ob sie gesund sind und ob ihre körperliche Entwicklung der Norm entspricht. Zwar gibt es auch zuvor verschiedene Regeluntersuchungen beim Kinderarzt, dazu besteht jedoch nur ein Angebot, keine Verpflichtung. Kinderärzte bemängeln, dass gerade sozial schwächere Familien die Untersuchungen nicht wahrnehmen, obwohl sie von den Kassen bezahlt werden. Die Zahlen ergeben also kein komplettes Bild vom Gewicht der Kinder, denn es fehlen viele von denen, die es am stärksten betrifft.

Bei der Einschulung zeigt sich dann, was bis dahin oft jahrelang falsch gelaufen ist. In Berlin sind rund 12 Prozent der Schulanfänger zu schwer. Ähnlich in Brandenburg, Hessen und Niedersachsen. Noch mehr sind es in Mecklenburg-Vorpommern. Wenig darunter liegen die Zahlen in Nordrhein-Westfalen und Bayern. Quer durch die Republik zeigt sich ein einheitliches Bild: In jeder ersten Schulklasse gibt es rund drei übergewichtige Kinder. Das erscheint zunächst nicht gerade alarmierend viel.

Doch aus den drei Moppelchen in der Klasse sind ein paar Jahre später schon vier oder fünf geworden. Auch ältere Kinder und junge Erwachsene sind zunehmend übergewichtig. Das Statistische Bundesamt hat im Jahr 2006 erstmals feststellen müssen, dass mehr als die Hälfte aller Erwachsenen deutlich zu viel auf die Waage bringen.

Schweres Erbe

Wer bestimmt eigentlich, was zu viel ist, wann ein Kind oder ein Jugendlicher zu schwer für sein Alter geworden ist? Bei kleinen Kindern hilft zunächst ein

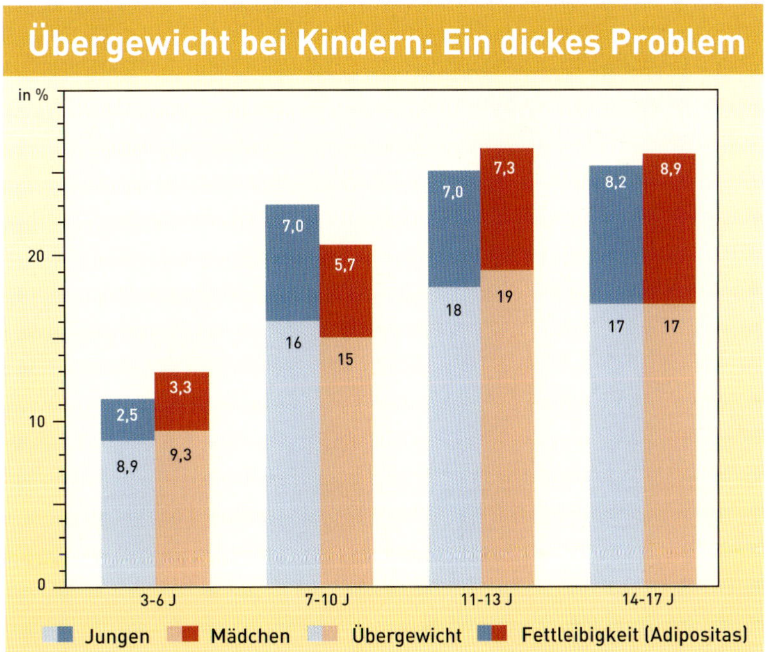

Schon Kindergartenkinder können fettleibig sein, und mit zunehmendem Alter nimmt auch die Zahl der dicken Kinder zu. Erst in der Pubertät schaffen es einige zurück zur Normalität.

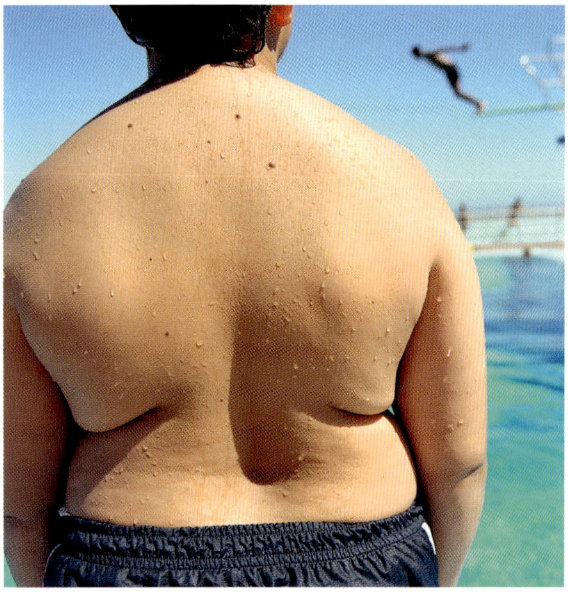

Speckfalten am Rücken sind ein untrügliches Zeichen für Übergewicht, auch wenn sie noch nicht so stark ausgeprägt sind wie bei diesem Jungen.

kritischer – aber nicht überkritischer – Blick der Eltern auf die Proportionen ihres Kindes. Je nach Veranlagung sind Kinder sehr unterschiedlich gebaut, der eine ist höher gewachsen und eher schlaksig, der andere kompakter.

Eltern können zum Vergleich ein Foto aus ihrer Kindheit heranziehen, das sie im gleichen Alter zeigt, in dem das Kind heute ist. Am besten geeignet ist ein Bild der Mutter, wenn es um die Tochter geht, und ein Bild des Vaters, wenn der Sohn beurteilt werden soll. Hat das Kind eine ähnliche Figur wie die Eltern oder ist es deutlich »kräftiger«? Wenn der Unterschied gering ist und das Kind nach den Eltern kommt, dann hat es wohl eine Veranlagung zum Pummelchen. Waren die Eltern aber als Kinder schlank, und das Kind ist nun dick, dann liegt es vermutlich nicht an den Genen. Die Veranlagung spielt durchaus eine Rolle für das Körpergewicht. Ob die ererbte Neigung zum Pummelchen aber voll zum Tragen kommt oder eher versteckt bleibt, das hängt von den Essgewohnheiten ab.

Genau hinsehen

Eltern sollten ihr Kind unauffällig beobachten, wenn es nackt ist. Eine Situation wie beim Arzt im Sinne von »nun stell dich mal gerade vor mich hin ...« vermeidet man dabei besser, damit das Kind nicht das Gefühl bekommt, argwöhnisch beäugt zu werden. Der Blick von hinten auf die Körpermitte ist meistens aufschlussreich. Wenn sich dort eine Wölbung nach außen zeigt, verbirgt sich darunter überflüssiger Speck. Hebt ein Kind im Stehen die Arme, zeichnen sich bei einem normalgewichtigen die Rippenbögen ab, bei übergewichtigen Kindern verdeckt das Fett die Rippenbögen.

Passen dem Kind Hosen in Standardgröße? Oder muss Sohn oder Tochter immer fünf verschiedene Jeans anprobieren, und die weiteste passt dann vielleicht? Zwar sind viele Kinderhosen extrem schmal geschnitten, damit sie auch von den Hochgewachsenen getragen werden können. Aber wenn Eltern bei normalen Größen öfter Schwierigkeiten haben, etwas Passendes zu finden, ist Sohn oder Tochter womöglich schon auf dem Weg zum Übergewicht.

Der geheimnisvolle BMI

Es lässt sich aber auch ganz objektiv berechnen, ob ein Mensch zu dick ist, als Kind oder als Erwachsener. Dafür haben Wissenschaftler den so genannten BMI eingeführt. BMI steht für den englischen Begriff »Body Mass Index«, also Körpergewichtsindex. Man bekommt ihn mit einer einfachen Formel heraus: Der BMI ist das Körpergewicht, geteilt durch das Quadrat der Körpergröße.

$$\text{BMI} = \frac{\text{Gewicht}}{(\text{Körpergröße in meter})^2}$$

Das ergibt fast immer eine Zahl zwischen 15 und 35, und die sagt, ob jemand untergewichtig, normalgewichtig, dick oder sogar fett ist.

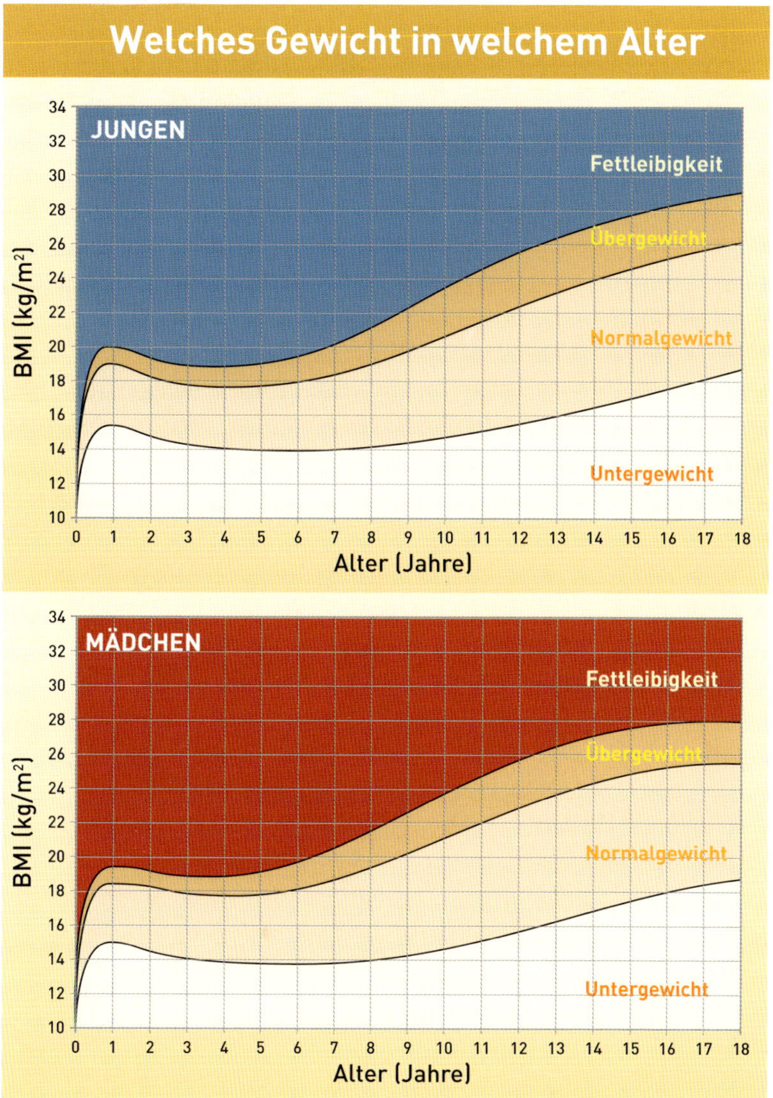

Was der Body-Mass-Index bei Kindern verrät, zeigen diese Kurven. Berechnen Sie den BMI Ihres Kindes und sehen Sie dann nach, ob es für sein Alter zu wenig, gerade richtig oder vielleicht schon zu viel wiegt.

Beispielsweise hat eine Frau, die 1,70 Meter groß ist und 65 Kilogramm wiegt, einen BMI von 22,5. Ein Mann von 1,80 Meter Größe und 100 Kilogramm Gewicht hat einen BMI von 30,9. Für Erwachsene kann man aus einer Tabelle ablesen, welcher BMI für welches Ergebnis steht.

Für Heranwachsende ist das komplexer, denn der Körper von Kindern und Jugendlichen ist nicht in jedem Alter gleich aufgebaut. Durch das Wachstum ändert sich bei ihnen das Verhältnis von Muskeln, Knochen, Bindegewebe und Organen in jedem Alter. Da aber die Körpergewebe nicht alle gleich schwer sind, ändert sich das Verhältnis von Körpergröße zu Gewicht und damit der BMI, ohne dass das Kind zu- oder abnimmt. So gilt ein vierjähriger Junge mit einem BMI von 20 schon als stark übergewichtig, mit 16 Jahren und dem gleichen BMI aber als normalgewichtig. Auch bei Mädchen und Jungen unterscheiden sich die BMI-Werte, denn sie entwickeln sich mit Beginn der Pubertät verschieden. Ob ein Kind oder ein Jugendlicher zu dick ist, lässt sich am besten an Kurven ablesen, in denen der BMI abhängig vom Alter aufgezeichnet ist. Diese Kurven fallen für Jungen und Mädchen unterschiedlich aus.

Erstaunlicherweise leben in Europa derzeit die meisten übergewichtigen Kinder in den Ländern rund um das Mittelmeer, die gerade für ihre gesunde Kost bekannt sind. Schon jedes dritte Kind ist dort derzeit übergewichtig. Besonders in Spanien und Italien gibt es viele übergewichtige Kinder. In Nordeuropa hingegen sind die Anteile niedriger. Island oder Finnland etwa kennen das Problem fast nur aus der Zeitung. Doch England und Polen holen zur Zeit stark auf, beide Länder haben in Europa im Moment die höchsten Zuwachsraten an dicken Kindern.

Spaghetti mit Tomatensauce sind das Lieblingsgericht der meisten Kinder. Kein Problem: Vollkornnudeln sind gesund, sättigen und machen zudem schlank.

Hier hat man Aktionen gestartet, um die Ernährung von Schulkindern zu verbessern. In England wurde teilweise das Schulessen umgestellt – nicht immer zur Freude von Kindern und Eltern. Manche Eltern sollen den Kindern aus Protest mittags einen Hamburger über den Schulzaun gereicht haben. In Polen wurden Läden in der Nähe der Schulen aufgefordert, ihr Süßigkeitensortiment gegen Obst einzutauschen, auch dies nur mit mäßigem Erfolg. Die EASO, ein europäischer Forschungsverbund, der die Zusammenhänge von Übergewicht untersucht, warnt daher, dass das Problem in vielen europäischen Ländern rapide zunimmt.

Die Entwicklung in den südeuropäischen Ländern zeigt, dass es keine Frage des Nahrungsangebots ist, sondern der Ernährungsgewohnheiten. Italien ist nicht mehr das kinderreiche Land der Großfamilien, in denen die Mama für die ganze Sippschaft Spaghetti kocht. Stattdessen hat sich das schnelle fertige Essen etabliert, und viele Kleinfamilien gehen auf dem Sonntagsausflug ins Fastfood-Restaurant.

Dass sich diese Entwicklung wieder umkehrt, ist nicht abzusehen. Seit Beginn der Achtzigerjahre gibt es in Europa immer mehr übergewichtige Menschen. Noch haben wir nicht die Rekordzahlen der Vereinigten Staaten erreicht, aber Europa und auch Deutschland sind auf dem besten Weg dorthin.

Eine Frage des Wissens

In Deutschland sind besonders die sozialen Unterschiede auffallend. Kinder, die in bescheidenen Verhältnissen groß werden, geraten eher aus der Form als Kinder aus dem Bildungsbürgertum. Natürlich gibt es auch dort dicke Jungs und Mädchen, aber seltener, und oft sind sie weniger übergewichtig. Vor dem Schultor eines Gymnasiums in einem besseren Stadtviertel wird man morgens nur wenig dicke Kinder sehen. Vor einer Hauptschule in einer Wohngegend mit hohem Migrantenanteil zeigt sich dagegen deutlich, wie viele Kinder Übergewicht haben.

Die Kindergesundheitsstudie des Robert Koch-Instituts hat auch hierzu Zahlen geliefert: Während unter Grundschulkindern aus Familien mit Migrationshintergrund mehr als 21 Prozent übergewichtig sind, beträgt der Anteil in den Nicht-Migrantenfamilien nur knappe 14 Prozent. Wo das Geld knapp ist und die Schulbildung gering, werden also mehr Kinder übergewichtig. Unter Migrantenkindern, die eingeschult werden, finden sich doppelt so viele dicke Kinder wie in deutschstämmigen Familien.

Beliebte Ausreden

Am Geld alleine kann es nicht liegen, denn eine gute Ernährung muss nicht teuer sein. Wie Sie später in diesem Buch noch sehen werden, kann man sogar besser kochen UND dabei sparen. Auch an der knappen Zeit liegt es nicht, denn in 15 bis 20 Minuten lässt sich für die ganze Familie eine wohlschmeckende, gesunde Mahlzeit zaubern.

Wenn man die Kinder selbst fragt, warum sie glauben, dick geworden zu sein, sagen nur wenige: »Es schmeckt mir eben so gut.« Die meisten machen die Eltern dafür verantwortlich: »Ich würde schon gerne etwas anderes essen, aber wenn ich den Kühlschrank aufmache, finde ich immer die gleichen Sachen.« Das ist zwar nur die eine Hälfte der Wahrheit, aber diese Kinder haben in einem Punkt Recht: Gesunde Ernährung, die satt, aber nicht dick macht, fängt zu Hause an. Die Älteren unter den übergewichtigen Kindern, die schon in der Pubertät sind, nehmen sich oft vor, alles besser zu machen, als sie es zu Hause erfahren haben: »Wenn ich mal ausziehe, ernähre ich mich nur noch gesund!«

Kochkünste

Sozialwissenschaftler bestätigen, dass es tatsächlich an der Esskultur in den Familien liegt, die mehr und mehr verloren geht, also an dem fehlenden Wissen, wie eine gesunde Ernährung aussieht: Oft gibt es keinen Elternteil mehr, der noch kochen kann, manchmal noch nicht einmal Nudeln, geschweige denn, eine Nudelsauce. Einige sind gerade noch in der Lage, ein Glas mit Fertigsauce zu öffnen und es in der Mikrowelle zu erwärmen.

In ländlichen Regionen leben jene Familien, in denen zwar sehr gut und kundig gekocht wird, nur leider oft zu viel des Guten: keine Sauce ohne Butter, keine Mahlzeit ohne reichlich Kartoffeln oder Nudeln, kein mageres Stück Fleisch, kein Fisch.

Die meisten dicken Kinder leben aber in Familien, die sich von Fertiggerichten und Fertigprodukten ernähren. Manchmal ist das Problem erkannt und die Eltern versuchen beim Einkaufen, sich selbst und den Kindern mit Light-Produkten etwas Gutes zu tun. Doch unglücklicherweise und leider entgegen den Werbebotschaften ist dies kein Weg, um überflüssige Pfunde wieder loszuwerden.

Jeder für sich

Familien werden immer kleiner, und die Auffassung, für so wenige Leute »lohne« sich das Kochen ja gar nicht, ist weit verbreitet. Manche allein erziehende Mutter hält es für übertrieben, sich für eineinhalb Portionen »stundenlang« an den Herd zu stellen oder Gemüse zu putzen. Dabei wird in den großen Tiefkühltruhen der Supermärkte feinstes tiefgefrorenes Gemüse angeboten, das schon vorgeschnitten ist und sich sehr leicht zubereiten lässt.

Viele Eltern und Kinder haben enge Terminpläne, die immer weniger Zeit für gemeinsame Mahlzeiten lassen. Doch manche Familien essen nicht einmal mehr dann zusammen, wenn alle zu Hause sind. Nicht selten isst jedes Kind in seinem Zimmer vor dem eigenen Fernseher und stopft hinein, was es in der Küche findet. Dort essen die Eltern nacheinander im Stehen. Der Esstisch, vormals das Zentrum jeder Wohnung, ist aus so manchem Heim schon ganz verschwunden.

Auch ein gemeinsames Frühstück ist nicht selbstverständlich. »Ich stehe doch nicht eine Stunde früher auf«, argumentieren manche Eltern, »um dann ewig Obst zu schnippeln!« Sie wissen nicht mehr, mit wie wenig Aufwand sie sich und den Kindern ein leckeres Frühstück zubereiten können. Zudem ist manchen Eltern die Ernährung der Kinder

» Der Küchenfimmel Lena, 17 Jahre

Lenas Mutter hatte einen Küchenfimmel. Dort war alles perfekt, alles hatte seinen Platz und nichts durfte in dem kleinen Reich verrückt werden. Lena hätte auch gerne einmal gekocht, aber ständig wusste ihre Mutter alles besser. Erst als Stefan Frädrich ihre Mutter aus der Küche herausholte, Lena ein paar Tipps für eine leichte Mahlzeit gab und sie machen ließ, bereitete sie ihr erstes Essen selbst zu. Es schmeckte großartig. Das musste sogar ihre Mutter zugeben: »Warum hast du mir das nicht gleich gesagt, dass du gerne kochst?« Lena rollte mit den Augen, aber sie war zufrieden.

einfach nicht wichtig. Sie achten nicht darauf, was ihre Kinder essen. Hauptsache ist, es macht satt und schmeckt, keiner meckert und es geht schnell. Gerade auf dieses Verhalten baut die Lebensmittelindustrie, damit macht sie ihre Geschäfte.

Sklaven der Werbung

Kinder, die mehr als zwei Stunden pro Tag fernsehen, sind mehr als doppelt so oft übergewichtig wie Kinder mit geringem TV-Konsum. Während sie vor dem Fernseher sitzen, bewegen sie sich nicht, verbrauchen also kaum Energie. Stattdessen naschen sie Chips oder Süßes und sehen dabei in Werbespots schlanke Menschen, die Chips oder Süßes essen. Diese erwecken den Eindruck, dass die zugesetzten Vitamine das Produkt ja sooo gesund machen, z. B. den Schokoaufstrich aufs Brot – doch das ist schlichtweg falsch. In der süßen braunen Masse steckt mehr als die Hälfte Fett und mehr als ein Drittel Zucker. Wenn kleine Kinder so etwas sehen und keine Eltern oder anderen Erwachsenen dabeisitzen, die es besser wissen und das den Kindern auch sagen, graben sich solche fatalen Fehlinformationen immer tiefer ins Gehirn ein.

Das Europäische Parlament hat beschlossen, die Regeln für die Lebensmittelwerbung zu verschärfen. Produkte dürfen in Europa nur noch dann als gesund angepriesen werden, wenn das wissenschaftlich belegt ist. Die als gesund bezeichneten Lebensmittel dürfen nicht zu viel Zucker, Fett oder Salz enthalten. Bei Lebensmitteln speziell für Kinder soll sogar eine EU-Genehmigung nötig sein, um mit dem Begriff »gesund« werben zu dürfen.

Der Fastfood-Tsunami

Dennoch sind ungesunde Lebensmittel allgegenwärtig. Schon der Schulweg führt vorbei an zahlreichen Verführern. Keine Zeit gehabt zum Frühstücken? Kein Problem, Bäcker oder Supermarkt sind gerade um die Ecke, und aus jedem Straßenstand duftet es verführerisch. Pausenbrot vergessen oder wieder mal so ein total fades Vollkornzeug mit Quark mit in die Schule bekommen? Kein Problem, am Pausenstand gibt es Hotdogs und Leberkäsebrötchen, und auf dem Schulflur steht der Colaautomat. Mittags Hunger? Mama hat Gott sei Dank Geld mitgegeben, da kauft sich der Schüler einen Burger oder einen Döner an der Straßenecke, dazu eine Portion Pommes mit Ketchup und Majo an der Bude. Jetzt noch eine Limo, dann kann der Nachmittag kommen. Nach den Hausaufgaben schnell an den Computer und Ballerspiele spielen, bevor die Mutter kommt und es sieht. Dazu Chips, Schokobonbons oder ein Kindereis aus dem Gefrierschrank. Abends hat man dann keinen rechten Hunger mehr, aber die Eltern schieben noch eine Pizza in den Ofen, davon isst man dann auch ein Stück.

An einem solchen Tag nimmt ein Kind leicht das Eineinhalbfache der Energie zu sich, die es braucht. Doch es fehlen wichtige Vitamine und Mineralstoffe, denn die sind in Pizza, Kindereis und Limonade nicht enthalten, selbst dann nicht, wenn diese mit einem Vitamin oder Mineralstoff angereichert sind.

Die Zuckerschaukel

Süßigkeiten wirken wie eine Droge: Sie produzieren ein Bedürfnis nach noch mehr Süßem. Wenn der Körper nichts Süßes bekommt, reagiert er mit Entzugserscheinungen, und zwar mit Heißhunger nach der Droge und schlechter Laune. Die Zuckersucht bewirkt ein unbändiges Verlangen nach Süßem, das erst gestillt ist, wenn das Kind Schokolade, Gummibärchen oder einen süßen Riegel bekommt.

Schuld daran ist nicht die schwache menschliche Psyche, sondern ein biologischer Mechanismus im Körper. Zwar hängt die Gier nach Süßem mit dem Belohnungssystem im Kopf zusammen, das gute Laune macht, wenn der Mensch seine Droge zu sich nimmt, und schlechte, wenn sie fehlt. Es ist aber auch ein Stoffwechselmechanismus schuld, der direkt mit der Zufuhr von Süßem verbunden ist: die Zuckerschaukel.

Nach dem Verzehr von Süßem steigt der Blutzuckerspiegel schnell an. Damit die Energie dem Körper zugutekommen kann, muss der Zucker in die Körperzellen aufgenommen werden. Dabei hilft das Blutzuckerhormon Insulin.

So weit, so gut. Leider bewirkt Insulin auch, dass überschüssiger Zucker als Fett gespeichert wird. Nicht nur, wenn man etwas Fettes isst, wandern die Bestandteile direkt in die Speicherzellen. Auch bei etwas Süßem ist das der Fall. Außerdem kommt dann, wenn der Blutzuckerspiegel wieder sinkt, ein anderes Hormon mit Namen Glucagon ins Spiel. Es ist der Gegenspieler des Insulins und macht Hunger.

Das Fatale dabei ist aber, dass umso mehr Hormone gebildet werden, je stärker der Blutzuckerspiegel schwankt. Wer also viel Zucker isst, dessen Insulin steigt schnell an, dessen Blutzucker wird schnell abgebaut und dessen Glucagon steigt schnell an. Dann hat er schnell wieder Hunger. Jede Zuckerdosis heizt also den Heißhunger auf mehr Zucker an, der Körper will mehr und mehr und wird auf diese Weise dicker und dicker.

Couch-Potatoes

Mit all dem geht einher, dass sich Kinder immer weniger bewegen. Ihre Freizeit verbringen sie nicht mehr in der Natur oder auf der Straße, sondern zu Hause in ihrem Zimmer, vor Computer oder Fernseher. Während früher die Kinder zu Fuß oder mit dem Fahrrad zur Schule kamen, werden heute viele von den Eltern chauffiert oder fahren mit Bus und Bahn. Auch die Sportvereine beklagen immer weniger Zulauf, und in den Schulen müssen zwei oder drei Unterrichtsstunden Sport in der Woche genü-

Fernsehen, Chips und Cola gehören für viele Kinder zusammen – mit sichtbaren Folgen. Immerhin hat das Europäische Parlament beschlossen, die Lebensmittelwerbung zu verschärfen.

Der vergessene Turnbeutel
Marvin, 12 Jahre

Marvin hasst Sport, vor allem den Turnunterricht in der Schule mag er überhaupt nicht. Früher ließ er seinen Turnbeutel deshalb oft mit Absicht zu Hause liegen. In der Schule musste er dann zwar auf der Bank sitzen, aber das war immer noch besser als Fußballspielen. Die Mutter bemerkte den vergessenen Turnbeutel meistens leider viel zu spät.
Damit das nicht wieder vorkommt, hängt die Mutter den Turnbeutel jetzt direkt neben die Wohnungstür. So kann Marvin ihn nicht mehr so leicht absichtlich vergessen. Da hängt er unübersehbar, und Ausreden gibt es jetzt keine mehr.

gen. Während die Kinder also mehr und mehr Kalorien aufnehmen, verbrauchen sie gleichzeitig weniger Energie, und ihr Körper lagert alles Überschüssige in Fettdepots ab.

So entsteht ein Teufelskreis: Dicken Kindern fällt es immer schwerer, sich zu bewegen. Stattdessen schauen sie mehr fern und spielen länger am Computer. Dabei essen sie aus Frust oder Langeweile und werden immer dicker.

Kinder voller Traurigkeit

Es gibt kaum ein dickes Kind, das nicht unglücklich mit seinem Körper wäre. Eine Münchner Studie hat zwar herausgefunden, dass mehr als die Hälfte der Kinder, die nach objektiven Maßstäben übergewichtig sind, sich selbst nicht für zu dick halten. Doch wer genauer hinhört, erfährt die Leiden der kleinen Dicken. Manche überspielen es und versuchen so zu tun, als sei alles in Ordnung. Aber wenn sie alleine sind, dann erzählen sie alle das Gleiche: »Wenn ich dünner wäre, wäre alles viel besser«. Dann würde sie keiner mehr hänseln und »Dickbacke« zu ihnen sagen oder »fette Sau.«

Sie leiden entsetzlich, die gemobbten dicken Kinder, und ziehen sich zurück, wann immer sie können. Nachmittags sitzen sie in ihrem Zimmer und futtern sich einen Abwehrpanzer an, der sie vor neuen Attacken schützen soll. Ihr Selbstwertgefühl sinkt immer tiefer in den Keller. Ihr Leidensdruck wird mit jedem Jahr größer, in dem sie älter werden und die Fähigkeit zur Selbstkritik wächst.

Ewiger Klamottenfrust

Ein dickes Kind kann sich nur durch besondere Fertigkeiten oder mit Freundlichkeit und Fröhlichkeit beliebt machen. Aber im Grunde ihres Herzens sind viele todunglücklich und fühlen sich gar nicht lustig. Doch sie spielen die Lustigen, denn das ist die einzige Chance, Anerkennung zu finden.

Im Schulsport kommen sie nicht recht mit, sie können nachmittags keine Sportarten ausüben, die sie vielleicht gerne mögen. Jungs sind im Fußball zu langsam, fallen vom Skateboard und kommen beim Klettern nicht hoch. Dicke Mädchen können manchmal richtig gut tanzen, aber sie trauen sich nicht, aus Angst, dass es nicht so gut aussieht wie bei den anderen, die dünn und staksig sind.

Wenn sie mal freiwillig ihr Zimmer verlassen, gehen sie mit ihren Freundinnen in die Stadt zum Shoppen. Dort lauert der nächste Frust. Die schönsten Klamotten sind für dünne Mädchen gemacht. Doch auch die Übergewichtigen möchten nicht herumlaufen wie die eigene Oma! Also zwängen sie sich in Klamotten, die ihnen nicht passen und nicht stehen, und ernten allenfalls mitleidige, manchmal sogar Ekel ausdrückende Blicke.

Das müssen sie erst einmal verdauen, nebenan im Fastfood-Restaurant. Da reden sie über die nächste Party, auf der sie so gerne mal einen Jungen küssen würden. Zu vielen Partys sind sie ja gar nicht eingeladen, anders als ihre dünnen Klassengefährtinnen, die alle schon einen Freund haben. Klar, den Dicken da drüben, auch aus ihrer Schule, so einen könnten sie schon haben. Aber wer will den? So werden die dicken Kinder einsamer und einsamer, und wer holt sie zurück in die Welt der Gemeinschaft und der Freundschaft?

Kleine Alte

Die medizinischen Folgen ihres Übergewichts interessieren die Kinder am wenigsten, denn sie werden erst mit den Jahren deutlich. Das Einzige, das unmittelbar körperlich spürbar und sichtbar wird, sind die Hautveränderungen. Die Haut wird fetter, und es entstehen mehr Pickel, besonders in der Pubertät. Durch die Belastung des Bindegewebes können sich Streifen bilden, die aussehen wie Schwangerschaftsstreifen am Bauch der Mutter. Wenn Jungen starkes Übergewicht haben, bilden sich durch die große Fettmasse in ihrem Körper mehr weibliche Hormone, und die Brust beginnt zu wachsen.

Ärzte warnen, dass sie bei übergewichtigen Kindern Krankheiten oder Vorzeichen von Erkrankungen entdecken, die sie bisher nur von Senioren kannten. Arteriosklerose etwa, eine Veränderung in den Wänden der Blutgefäße, die zu Herzinfarkt oder Schlaganfall führen kann, oder Bluthochdruck und schwere Stoffwechselstörungen wie Altersdiabetes. Denn wenn ein Körper ständig zu viel Zucker bekommt, gerät der Regelkreis des Blutzuckerhormons Insulin nachhaltig durcheinander, sodass die Kinder im wahrsten Sinne des Wortes zuckerkrank werden wie ein alter Mensch.

Durch das hohe Gewicht sind außerdem die noch wachsenden Knochen und Gelenke stark überlastet, und es zeigen sich schon bald Haltungsschäden, die sich durch zu wenig Bewegung noch verstärken. X-Beine, Plattfüße oder Rückenprobleme sind dann oft die Folgen.

Einmal dick, immer dick?

All diese Probleme »verwachsen« sich nicht, sondern setzen sich in aller Regel bis ins Erwachsenenalter hinein fort. Natürlich haben Kinder dünnere und dickere Phasen, das ist ganz normal. Doch wenn sie

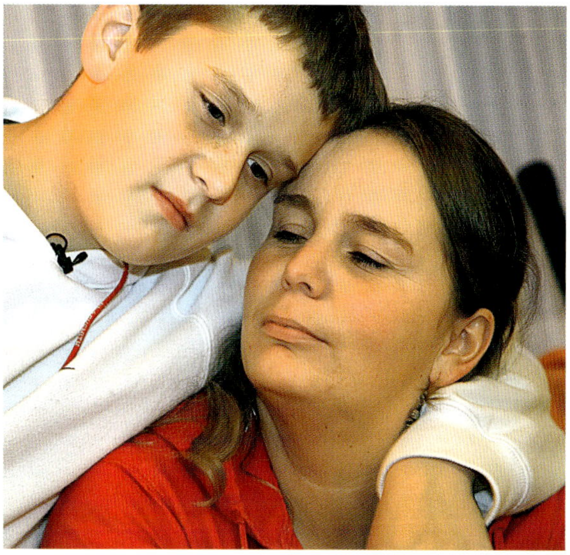

Dicke Jungs sind oft unglücklich, aber nur wenige geben es gerne zu und finden Trost in der Familie.

erst einmal ein deutliches Übergewicht mit sich herumtragen, werden sie das in 90 Prozent der Fälle nie wieder los. Es sei denn, sie lernen mithilfe ihrer Eltern, sich anders und gesünder zu ernähren.

Fettzellen, die der Körper im Kindesalter anlegt, bestehen ein Leben lang. In »mageren Zeiten« sind sie weniger gefüllt als in den »fetten Zeiten«, aber bei der nächsten übermäßigen Nahrungszufuhr sind die Pölsterchen gleich wieder da.

Zudem wird es immer schwerer, lieb gewordene Gewohnheiten zu verändern, vor allem die Essgewohnheiten. Das hat psychische, aber auch körperliche Gründe. Viele der Fertiglebensmittel, Snacks und Fastfood-Saucen sind nämlich viel zu salzig und viel zu stark gewürzt. Die Geschmacksknospen im Mund gewöhnen sich daran und melden dann nur noch Wohlgeschmack, wenn starke Gewürze damit in Berührung kommen. Der Geschmackssinn stumpft ab, normal gewürztes Essen schmeckt nicht mehr. Zunge und Gaumen verlangen nach überwürzten Mahlzeiten, nach Fertigsaucen und Fastfood-Aromastoffen. Der Betroffene verlernt, sich gesund und ohne Industrieprodukte zu

Blick in die Zukunft: Schlank oder dick?

Positive Entwicklung:

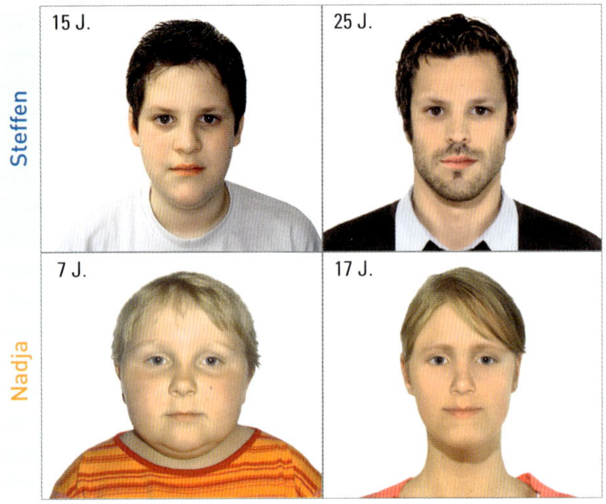

Steffen ist 15 Jahre alt und ein ganz schöner Brocken. 85 Kilo bringt er auf die Waage, verteilt auf 172 Zentimeter Länge. Wenn er jetzt anfängt, besser zu essen, kann er mit 25 ein attraktiver Jungunternehmer sein. Wenn nicht, wird er es auch im Beruf schwerer haben, und bei den Frauen ohnehin.

Nadja ist 7 Jahre alt und ein echtes Pausbäckchen. Mit ihren 120 Zentimetern Körperlänge wiegt sie schon 35 Kilo. Wenn sie jetzt anfängt, besser zu essen, wird sie mit 17 eine attraktive junge Dame sein. Wenn nicht, wird sie mit Mitte zwanzig Problemzonen kaschieren und mit 40 Sondergrößen brauchen.

Negative Entwicklung:

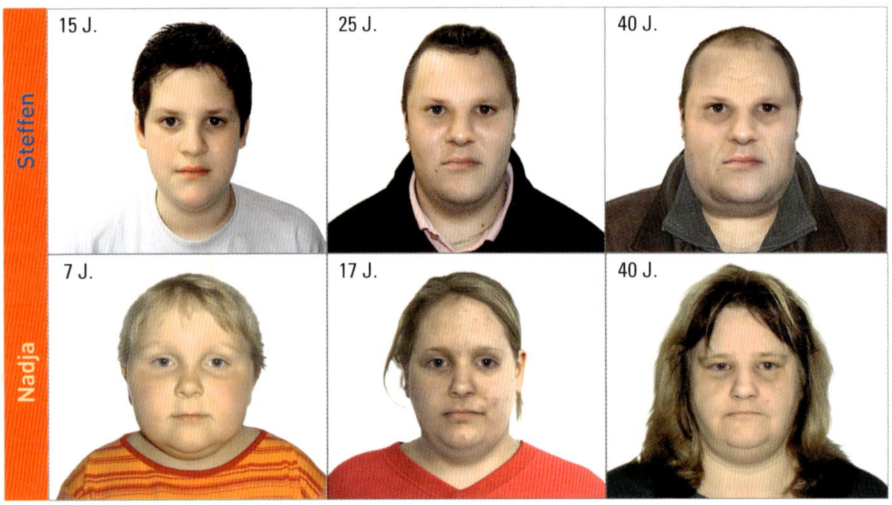

ernähren. Eine gesunde Ernährung wird auch aus geschmacklichen Gründen immer schwieriger. Der Nahrungsmittelindustrie ist das nur recht, denn damit macht sie ihre Geschäfte.

In den meisten Fällen gilt leider: einmal dick, immer dick. Dicke Erwachsene aber, das haben Studien gezeigt, sind weniger erfolgreich im Leben. Sie haben Nachteile bei der Partnersuche und in der Karriere, denn sie werden als unattraktiver und oft auch als weniger sympathisch wahrgenommen als ihre schlanken und sportlichen Kollegen.

Bei Kindern lässt sich all dies noch viel leichter korrigieren als bei Erwachsenen. Und es ist gar nicht so schwer, wie Sie in diesem Buch sehen werden.

FAMILIEN-CHECK Ist Ihr Kind gefährdet, dick zu werden?

Dicksein ist kein Schicksal. Ob ein Kind zu den Kandidaten für Übergewicht gehört, hängt von den Gewohnheiten in der Familie ab. Dieser Fragebogen soll Ihnen helfen, Ihr Ernährungsverhalten und das Risiko dafür, dass Ihre Kinder übergewichtig werden, besser einzuschätzen.

1. Gibt es in Ihrer Familie übergewichtige Erwachsene?
a. ein Elternteil
b. beide Eltern
c. keiner

2. Wie wichtig ist für Sie das Thema »gesunde Ernährung«?
a. eher wichtig
b. eher unwichtig

3. Essen Sie oft Fastfood, Pommes frites oder Hamburger?
a. ja, mehrmals pro Woche
b. höchstens einmal pro Woche
c. so gut wie gar nicht

4. Essen Sie oft gemeinsam?
a. wir essen mindestens eine Mahlzeit am Tag gemeinsam
b. wir essen am Wochenende gemeinsam
c. jeder holt sich etwas, wenn er Hunger hat

5. Treibt Ihr Kind regelmäßig Sport, bewegt es sich gerne draußen an der frischen Luft?
a. ja
b. nein

6. Bekämpft Ihr Kind Kummer mit Essen und reagiert es aggressiv oder verzweifelt, wenn es nicht naschen kann?
a. ja
b. nein
c. das kommt vor

7. Wie viel Zeit verbringt Ihr Kind täglich vor dem Computer oder vor dem Fernseher?
a. weniger als eine Stunde
b. ein bis zwei Stunden
c. mehr als zwei Stunden

8. Wie würden Sie Ihr Kind beschreiben?
a. mein Kind neigt zu Faulsein und Herumhängen
b. mein Kind ist sehr aktiv, es kann nicht still sitzen
c. beides kommt vor

9. Wie süß isst Ihr Kind?
a. mein Kind stopft die Süßigkeiten regelrecht in sich hinein
b. mein Kind isst lieber Obst
c. Heißhunger auf Süßigkeiten kommt vor, ist aber selten

10. Wie gehen Sie in Ihrer Familie miteinander um?
a. wir haben ein vertrauensvolles, liebevolles Verhältnis
b. wir haben kaum Zeit, uns gegenseitig Zuneigung zu zeigen

Bewertung:
Frage 1: a. 10 Punkte, b. 14 Punkte, c. 0 Punkte | Frage 2: a. 0, b. 4 | Frage 3: a. 10, b. 4, c. 0 | Frage 4: a. 0, b. 2, c. 6 | Frage 5: a. 0, b. 6 | Frage 6: a. 6, b. 0, c. 2 | Frage 7: a. 0, b. 4, c. 6 | Frage 8: a. 6, b. 0, c. 2 | Frage 9: a. 4, b. 0, c. 2 | Frage 10: a. 0, b. 4

Auswertung

0 bis 12 Punkte
Ihr Kind scheint kein erhöhtes Risiko dafür zu haben, dick zu werden. Achten Sie weiter auf gesunde Ernährung und ausreichende Bewegungsangebote, damit es auch in Zukunft so bleibt.

13 bis 21 Punkte
Es ist nicht ausgeschlossen, dass Ihr Kind Übergewicht entwickelt. Möglicherweise bringt es auch jetzt schon zu viele Kilo auf die Waage. Wenn es noch kein Übergewicht hat, bleiben Sie aufmerksam, achten Sie auf die Ernährung und sorgen Sie dafür, dass Ihr Kind sich mehr bewegt.

22 bis 64 Punkte
Es ist nur eine Frage der Zeit, bis Ihr Kind Übergewicht bekommt. Wenn es schon übergewichtig ist, helfen nur grundlegende Verhaltensänderungen. Am besten suchen Sie sich professionelle Hilfe.

Besser essen – aber wie?

Kinder haben es leichter, Übergewicht loszuwerden, als ihre Eltern. Sie wachsen noch und müssen nur ihr Gewicht halten, um schlanker zu werden. Wie das geht, zeigt ein Programm in vier Schritten. Ganz ohne zu hungern und ohne Diät.

Besser essen – aber wie?

Vergessen Sie Hungerkuren und Diäten, besonders wenn es um Ihr Kind geht. Sie können gefährlich sein und führen meist nur zum gegenteiligen Ergebnis. Nachhaltiger und erfolgreicher abnehmen kann die ganze Familie mit einem Vier-Stufen-Programm: mehr wissen über gute und schlechte Ernährung, mit dem Überangebot umgehen lernen, clever einkaufen und dabei sparen, und schließlich gesundes und leckeres Essen in kurzer Zeit zubereiten.

Dass das Abnehmen vielen Erwachsenen so schwerfällt, liegt selten daran, dass sie nicht wüssten, wie gut es für sie wäre. Jeder dicke Erwachsene wäre wohl aus dem einen oder anderen Grund gerne schlanker. Er weiß, dass er gesünder und fitter wäre, dass es das Herz entlasten und dass er besser surfen, Ski laufen und Rad fahren könnte. Er weiß, dass er schöner und attraktiver aussähe und mehr Erfolg beim anderen Geschlecht hätte. Er weiß, dass er glücklicher wäre, wenn er es nur schaffen würde, abzunehmen!

Wenn man nur den eisernen Willen und das Durchhaltevermögen für eine Diät hätte! Wenn man nur danach sein neues, geringeres Gewicht halten könnte! Aber das Fleisch ist schwach, und der Geist oft auch und so bleibt vielen nur ein resigniertes Schulterzucken, wenn es um das Thema Abnehmen geht. Klar, sagen wohlmeinende Bekannte dann gerne, die natürlich selbst schlank sind, Diäten helfen nicht, die führen nur zum JoJo-Effekt: Von dick nach dünn und wieder nach dick, das Gewicht geht beliebig oft hinauf und hinunter.

Die wohlmeinenden Freunde der Dicken wissen: Man muss nur die Ernährungsgewohnheiten ändern. Wie Recht sie haben. »NUR!« Gewohnheiten zu ändern ist oft das Schwierigste, was es gibt. Wenn es so leicht wäre, hätte man es ja schon längst getan.

Kinder nehmen leichter ab

Stopp! Es geht hier aber nicht um die Erwachsenen, sondern um Kinder. Gewohnheiten zu ändern ist für sie keineswegs das Schwierigste, vor allem nicht, wenn sie noch klein sind, und ganz besonders dann nicht, wenn ihnen die Eltern dabei helfen. Außerdem haben Kinder einen Riesenvorteil gegenüber allen Erwachsenen: Sie wachsen noch. Wenn sie kein starkes Übergewicht haben, sondern nur ein bisschen zu viel auf die Waage bringen, brauchen sie gar nicht abzunehmen, um schlank zu werden. Schon alleine, wenn sie nicht mehr zunehmen, strecken sie sich durch das Wachstum ganz von selbst und werden dabei dünner.

Kinder haben viel größere Chancen, ihren Babyspeck und die Ringe um die Hüften wieder loszuwerden, als Erwachsene. Sie haben noch Interesse an allem Neuen, für sie ist das Leben noch so lang, und die wirklich spannenden Zeiten kommen ja erst. Viel zu schade, sie traurig im eigenen Zimmer hockend zu vertrödeln.

Besonders in der beginnenden Pubertät, wenn die Wachstumsschübe am stärksten sind, besteht daher die beste Möglichkeit, abzunehmen, indem die Kinder ihr Gewicht halten.

Jugendsünden, ja bitte!

Wenn man älteren Erwachsenen zuhört, wie sie über ihr Leben erzählen, dann sind die tollen Zeiten die zwischen 15 und 25 Jahren gewesen, fast immer. Das heißt nicht, dass danach keine schönen Zeiten mehr kommen, aber die Jugend und das frühe Erwachsenenalter sind einmalig und bieten Chancen, die es ein Jammer wäre, zu versäumen. Es wäre auch ein Jammer, wenn Eltern ihren Kindern nicht helfen würden, diese Zeit möglichst aktiv und möglichst

Alle Kinder naschen gerne. Es muss ja nicht immer Schokolade sein. Frische Beeren sind eine gesunde Leckerei und enthalten zudem viele wertvolle Vitamine und Mineralstoffe.

fröhlich zu verbringen. Gerade in dieser Zeit, die prägend für das weitere Leben ist, in der sich die Sexualität entwickelt und in der sich die soziale Rolle herausbildet, die ein Mensch im Leben einmal einnehmen wird, ist es so wichtig, geschätzt, anerkannt, geliebt und bewundert zu werden.

Wer aber wird geschätzt und bewundert? Kinder und junge Leute, die sich aktiv am Leben beteiligen, die sportlich sind und mit anderen feiern können. Wer viele Freunde hat, bekommt leicht mehr dazu. Wer sich aber verkriecht und nur wenige Freunde hat, verliert leicht die wenigen auch noch. Da taugt kein Chatroom als Ersatz.

Wer dicken Kindern zuhört und dann erfährt, wie einsam sie sind und wie traurig, wie sehr sie sich nach mehr Anerkennung sehnen, und wer außerdem weiß, dass sie sich viele Wünsche erfüllen könnten, wenn sie schlanker wären, kann kaum umhin, ihnen helfen zu wollen. Und es muss gar nicht beim Wollen bleiben.

Nichts ist unmöglich

Denn zunächst haben wir drei gute Nachrichten, die jedem Mut machen können: jedem Kind und jedem Erwachsenen, der vielleicht selbst schon schlechte Erfahrungen mit dem Abnehmen gemacht hat und der es möglicherweise schon aufgegeben hat, dauerhaft Gewicht verlieren zu wollen.

Die erste gute Nachricht ist: Es geht. Und es ist gar nicht so schwer. Es braucht keinen eisernen Durchhaltewillen und keine Hungerkuren, ganz im Gegenteil. Es braucht weder mehr Geld noch wesentlich mehr Zeit. Weder muss es teurer sein noch zeitaufwendiger, gut und gesund zu essen. Das Ein-

Die Lieblingsjeans Anna, 14 Jahre

Als Nicola Sautter Anna das erste Mal besuchte, wog Anna 115 Kilo. Ihre Lieblingsjeans passte ihr seit einem Jahr nicht mehr, obwohl sie kaum gewachsen war. Aber sie hatte nicht ihren Traum aufgegeben, irgendwann wieder in die Hose zu passen. Also nahm Nicola Sautter die Hose und hängte sie gegenüber von Annas Bett an die Wand. Jeden Morgen hatte Anna nun ihr Ziel vor Augen. Jeden Tag bestärkte sie der Anblick, nicht nachzulassen und Süßigkeiten standzuhalten. Nach ein paar Monaten war Anna glücklich. Die Wand in ihrem Zimmer war leer. Anna hatte die Hose wieder angezogen.

zige, das für die Eltern wirklich nötig ist, ist etwas Cleverness und gleichzeitig die Absicht, gutem Essen wieder einen Wert beizumessen. Denn was wichtig ist, kann leichter gelingen. Kleinere Kinder benötigen dazu lediglich Mut, das mitzumachen, was die Eltern verändern, und sich auf das Neue einzulassen. Wenn sie schon größer und selbstständiger sind, brauchen sie auch den eigenen Willen, ihr Leben zu verändern.

Wer abnehmen will, muss essen

Die zweite gute Nachricht ist: Um abzunehmen, muss man essen! Man muss sich sogar satt essen. Hungerkuren und Diäten sind tabu. FDH – friss die Hälfte – hilft nur dann, wenn man schon das Richtige isst, aber zu viel davon. Dicke Kinder aber essen nicht zu viel vom Richtigen, sondern meistens das Falsche, und davon auch noch zu viel. Deshalb gilt für sie statt FDH: IDR – iss das Richtige.

Die neue Welt des Essens ist sogar viel bunter und vielfältiger als die übliche Eintönigkeit zwischen Burger, Pommes und Pizza. Außerdem gibt es kein Gericht, das irgendjemand essen müsste, nur um abzunehmen. Weder Spargel noch Blumenkohl noch Ananas müssen unbedingt mit auf den Speiseplan, wenn das Kind sie nicht mag.

Verbote sind verboten

Und die dritte gute Nachricht ist: Heiß begehrte Lieblingsgerichte darf man auch weiterhin essen, niemand muss vollständig oder sein Leben lang auf Pizza, Pommes oder Cola verzichten. Auch schlanke Kinder essen diese Dickmacher hin und wieder, sie trinken Limo und schlecken Eis, sie mögen Chips und Schokoriegel. All dies ist weiterhin erlaubt, als Ausnahme und als besondere Leckerei, die man sich hin und wieder gönnt und dabei so richtig genießen kann.

Besser essen kann jede Familie, und schlankere Kinder werden sich dann automatisch einstellen. Es ist nicht versprochen, dass jedes dicke Kind ganz dünn wird, vor allem dann nicht, wenn es dicke Eltern hat. Gegen die erbliche Veranlagung kann niemand etwas machen. Versprochen aber ist: Jedes dicke Kind wird dünner werden, wenn ihm die Eltern dabei helfen, und kann ein Gewicht erreichen, mit dem es nicht mehr »Dickmops« oder »Fettsack« gerufen wird. Wir zeigen, wie das geht.

Bitte nicht hungern

Es ist im ersten Augenblick nicht ganz leicht, einzusehen, dass Hungern nichts bringen soll. Schließlich klingt doch logisch: Wer fastet oder nur noch wenig isst, der muss abnehmen. Das ist so weit ja auch richtig. Gewichtsabnahme ist die Differenz zwischen der Energie, die der Körper verbraucht, und der Energie, die er mit der Nahrung bekommt. Wenn er mehr verbraucht, als Nachschub hereinkommt, deckt er den Restbedarf mit den eigenen Reserven, also aus den Fettdepots.
Umgekehrt gilt aber genauso richtig: Isst man mehr, als man eigentlich benötigt, wird der Überschuss wiederum abgelagert. Warum soll weniger essen also nicht zum Erfolg führen?

Die Antwort heißt: Weil diese Rechnung ohne den Kopf und ohne die normalen menschlichen Empfindungen gemacht ist. So einfach gestrickt ist die menschliche Psyche nämlich nicht, dass man ihr nur eine vernünftige Theorie präsentieren müsste, und schon trifft sie die richtigen Entscheidungen. Leider ist sie eine komplizierte Angelegenheit, die in Jahrmillionen menschlicher Entwicklungsgeschichte entstanden ist und sich in den harten Lebensbedingungen früherer Zeiten bewähren musste.

Warum Diäten dick machen

Nur noch die Hälfte essen oder richtig fasten kann man ein paar Tage lang. In dieser Zeit baut der Körper tatsächlich einiges an Fett ab. Eine kurze Zeit gelingt es vielen, mit einiger Anstrengung sich selbst zu kasteien. Den Hunger und die schlechte Laune, die sich dabei schnell einstellen, erträgt der eine kürzer, der andere länger.

Wenn der Körper sich aus den eigenen Fettzellen ernährt, signalisiert er dem Gehirn gleichzeitig, dass dies ein sehr unerfreulicher Zustand ist, der möglichst rasch beendet werden sollte. In der Zeit der Jäger und Sammler der frühen Menschheitsgeschichte war ein solches Signal eine kluge Einrichtung, die dafür sorgte, dass die Jäger wieder auf die Pirsch und die Sammler wieder in den Wald gingen, um sich neue Nahrung zu beschaffen. Zwar liegt dies längst hinter uns, doch mit dem Mechanismus haben wir es noch heute zu tun, als Erbe aus den langen schlechten Zeiten, die unsere Urahnen überlebt haben.

Zu fasten und zu hungern ist also sehr anstrengend. Der Körper stellt sich nach wenigen Tagen auf die schlechte Ernährungslage ein und beginnt dann, sparsamer mit seinen Energiereserven umzugehen. Deswegen halten die anfänglichen Abnehmerfolge nicht lange an. Der Heißhunger auf etwas Nahrhaftes hingegen wird ständig größer, am größten ist die Lust auf viel Zucker und auf viel Fett. Mit der Zeit wird es immer schwieriger, darauf zu verzichten, und schließlich gewinnt das Hungergefühl gegen die Abnehmvernunft. Einmal ist keinmal, betrügt sich der Hungernde dann gerne und macht sich über das Essen her.

Endlich, freut sich der Körper und belohnt den Essenden mit Glücksgefühlen. Schnell schaufelt er die überflüssige Energie in die leeren Fettdepots, wer weiß, wann wieder schlechte Zeiten kommen, da muss er gewappnet sein. Außerdem hat er in den Hungertagen gelernt, die wenige Energie, die in der Nahrung steckte, optimal auszunutzen. Er braucht nicht mehr so viel und hat bei den ersten ordentlichen Mahlzeiten umso mehr übrig.

Bald sind die Fettzellen voller als zuvor, der Mensch ist dicker, als er vor der Hungerkur gewesen ist. Das ist der berühmte JoJo-Effekt: Gewicht runter, Gewicht rauf. Fitter wird man dabei auch nicht, denn der ständige Nahrungsstress führt eher dazu, dass man schlapp und kraftlos wird.

Noch fataler als bei Erwachsenen sind FDH-Kuren bei Kindern. Denn wer als Kind öfter zu wenig isst, erzieht seinen Körper dazu, ein guter Fettverwerter zu werden und den kleinsten Energieüberschuss sofort zu speichern. Als Erwachsener nimmt man folgerichtig sofort zu, sobald man sich eine üppige Mahlzeit gönnt.

Gefahr für Kinder

All dieses gilt nicht nur für FDH oder für das Fasten, sondern auch für jede Schnelldiät, die Frühling für Frühling in so vielen Frauenzeitschriften abgedruckt sind. Dasselbe trifft für Low-carb- oder Low-fat-Diäten zu, die jeweils mit einer anderen Theorie überzeugen wollen. Ebenso sind Abnehmpulver oder Abnehmgetränke lediglich ein Geschäft für die Hersteller, aber

kein Erfolgsrezept für Übergewichtige. Bei Kindern ist es sogar gefährlich, solche Methoden anzuwenden, denn sie brauchen eine Mindestmenge an Energie und Nährstoffen, um den wachsenden Körper zu versorgen. Jede Mangelernährung kann zu Entwicklungsstörungen und Lernproblemen führen.

Es versteht sich fast von selbst, dass die Unsitte der Abführmittel als Schlankmacher bei Kindern ganz verboten ist. Diese Mittel entwässern den Körper, machen den Darm träge und führen auf Dauer nur zu Verstopfungen und zu keinem Gramm langfristigem Gewichtsverlust.

Besser essen in vier Schritten

In vier Schritten kann sich jede Familie mit diesem Buch an das neue, gesunde und gut schmeckende Essen herantasten. Weder muss alles gleichzeitig geschehen, noch gibt es überhaupt irgendein »MUSS«. Jeder der vier Schritte macht es leichter, das Ziel zu erreichen, aber es hilft auch schon, wenn zunächst nur ein einziger erster Schritt getan wird. Welcher der vier Schritte der erste ist, ist eigentlich gar nicht wichtig. Wir stellen in diesem Buch eine Reihenfolge vor, wie wir sie für sinnvoll halten. Aber natürlich kann man auch von hinten anfangen oder in der Mitte und sich dann nach vorne tasten.

Schritt eins: *Mehr wissen über gute und schlechte Ernährung.* Der erste Schritt hat mit dem Essen noch nichts zu tun. Schritt eins ist die Theorie. Das mag manche langweilen, und sie sollten diesen Schritt erst einmal überspringen. Sie werden vermutlich später nachlesen wollen, warum wir all jene Tipps in den Schritten zwei bis vier geben. Dann können sie immer noch den ersten Schritt nachholen und dort nachlesen. Langfristig allerdings wird es ganz ohne Theorie nicht gehen. Denn kein Junge kann ein guter Pilot werden, und wenn er noch so gut fliegen könnte, ohne etwas Luftphysik zu lernen. Kein Mädchen wird eine gute Schriftstellerin, da mag sie noch so gute Aufsätze schreiben, wenn sie nichts von dem versteht, worüber sie später schreibt.

Schritt zwei: *Mit dem Überangebot umgehen lernen.* Nichts ist leichter, als der Werbung hinterherzukaufen und ihr hinterherzuessen – und nichts ist fataler. Wer zu Fastfood und Fertiggerichten keine Alternative hat, ist aufgeschmissen und wird dann zwangsläufig dick. Deshalb ist ein ganz wichtiger Schritt zu einem schlankeren Leben, nicht mehr auf die Marktschreier der bunten Lebensmittelindustrie hereinzufallen. Dabei hilft schon, sich klarzumachen, mit welch ausgebuffter Verkaufsstrategie die jeweiligen Anbieter arbeiten. Wenn man die Tricks der Industrie kennt, wird man nicht mehr auf alle hereinfallen. Auf ein paar vielleicht trotzdem noch, denn manche sind richtig gut, aber nicht mehr auf alle, und das ist schon ein sehr großer Schritt.

Zudem gibt es ein paar relativ einfache Tricks, mit denen Eltern ihren Kindern sehr gut dabei helfen können, am nächsten Kiosk nicht schwach zu werden und mit hoch erhobener Nase achtlos daran vorbeigehen zu können.

Schritt drei: *Clever einkaufen und dabei sparen.* Abnehmen beginnt beim Einkaufen. Es gibt ein paar Regale im Supermarkt, die in erster Linie die Bäuche dick und den Geldbeutel leer machen, sonst leider gar nichts. Dazu gehört das Regal mit den Fertigsuppen und Fertigsaucen, das Regal mit den halbfertigen Knödeln, die Tiefkühltruhe mit den Pizzen und die mit den Fertiggerichten. Alle vier sind zwar verführerisch, weil sie das leichte und bequeme Kochen möglich machen. Eigentlich muss dabei keiner mehr wirklich kochen, sondern nur noch erwärmen und umrühren. Aber leider hat, wer der Verführung ständig erliegt, bald die Folgen buchstäblich zu tragen. Außerdem ist dies eine ziemlich teure Art, sich zu ernähren, denn selbst wer den Angeboten in den bunten Flatterprospekten hinterherkauft, gibt viel mehr Geld fürs Essen aus als nötig.

Ein Einkaufswagen voll mit Fertig- und Halbfertigprodukten ist im Durchschnitt um ein Fünftel teurer als ein Einkaufswagen mit Nahrungsmitteln, aus denen man die gleiche Menge an Mahlzeiten selbst zubereiten kann.

Es ist wesentlich preiswerter, sich beim Einkaufen auf andere Regale zu konzentrieren. Sie genauer kennenzulernen ist spannend, gesund und spart zudem Geld. Gemeint sind nicht die Bioregale oder die Ökoabteilung, sondern ganz gewöhnliche Supermarktbereiche wie Milchprodukte, Tiefkühlgemüse oder Fisch und Geflügel. Es gibt dort eine Menge zu entdecken, und man kann dort Zutaten zu originellen Mahlzeiten zusammenstellen, die auch den Kindern schmecken.

Außerdem zeigen wir, welch aufschlussreiche Erkenntnisse man beim Lesen der klein gedruckten Inhaltsstoffeliste gewinnen kann.

Schritt vier: *Gesundes und leckeres Essen in kurzer Zeit zubereiten.* Viele, die kaum Erfahrung mit dem Kochen haben, denken, sie bräuchten unglaublich viel Zeit, um eine Familienmahlzeit zuzubereiten. Vielleicht sind daran die vielen Kochshows im Fernsehen nicht ganz unschuldig, in denen Köche mit viel Erfahrung und Hingabe liebevoll die aufwendigsten Gerichte zaubern. Doch die Fernsehköche zeigen fast immer nur die Kür, niemals die Pflichtübung. Das wäre auch zu langweilig für eine Show. Zu Hause aber besteht die Küchenarbeit zu 90 Prozent aus Pflicht, und nur zu 10 Prozent aus derartigen Luxusspielereien. Auf diese 10 Prozent kann man zunächst leicht verzichten. Die anderen 90 Prozent sind die wichtigen, nur die zeigt leider keiner. Wer die Grundbegriffe des Kochens nicht bei der Mutter (oder beim Vater) gelernt hat oder wer nach langjährigem Fertiggerichte-Missbrauch völlig aus der Übung gekommen ist, der braucht einen kleinen Grundkurs und ein wenig Mut und Selbstvertrauen, auch einmal vom Rezept abzuweichen und eigene Ideen zu entwickeln.

Wir zeigen, wie auch mit wenig Zeit und mit Erfahrung leckere Mahlzeiten ohne Fertigprodukte entstehen können, wie einfach es ist, Suppen und Saucen mit wenigen Zutaten selbst zu kochen, und wie gut simple Snacks schmecken können.

» Ein kleiner Trick Lara, 10 Jahre

Lara hatte immer Lust auf Süßes. Sie fand die Familien in der Werbung so nett, die Packungen so schön, und überhaupt war alles viel zu lecker, um es stehen zu lassen. Gesunde Sachen mochte Lara nicht, die sahen doch immer so doof aus und würden bestimmt nicht schmecken. Bis die Mutter einen Trick ausprobierte. Anstelle der üblichen Süßigkeiten stellte sie nun am Nachmittag einen bunten Teller mit appetitlich angerichteten Obstschnitzen hin. Und tatsächlich, Lara probierte und stellte fest, dass auch Gesundes lecker ist. Wenn Lara jetzt Lust auf Süßes hat, isst sie gerne ein Stück Obst.

Mehr wissen über gute und schlechte Ernährung

Boris war ein Junge aus einer ganz normalen Durchschnittsfamilie. Er lebte mit seinen Eltern und seiner kleinen Schwester in einer Wohnung in der Großstadt. Schon in der Grundschule nannten sie Boris den Dicken. Er war eindeutig der Schwerste in der Klasse. Sein Pausenbrot bestand fast jeden Tag aus einer Schokowaffel mit Nusscremefüllung, die als gesunder Milchsnack beworben wurde. Selten nahm er einmal ein Stück Brot mit Butter und Wurst aus seinem Schulranzen. Zudem hatte er eine Halbliterflasche Limo dabei oder eine Cola. Satt wurde er davon nicht, aber es gab ja noch den Pausenstand, an dem er sich fast jeden Tag mindestens einen Hotdog kaufte.

Boris musste fast nie zu einer bestimmten Zeit nach Hause kommen. Feste Essenszeiten gab es in der Familie anscheinend nicht. Er aß deshalb häufig bei Freunden zu Abend, mit denen er den Nachmittag verbracht hatte, und füllte sich dabei immer gut den Bauch. Andere Jungs gingen gerne mit Boris nach Hause, denn dort gab es immer Chips. Man konnte fernsehen, ohne dabei kontrolliert zu werden, denn Boris hatte schon mit 8 Jahren einen Fernseher für sein Zimmer bekommen.

Mit 9 Jahren passte Boris in keine normale Kinderhose mehr. Es musste etwas geschehen, das sahen auch die Eltern. Die Krankenkasse übernahm die Kosten für eine Abmagerungskur. Drei Wochen kam Boris zusammen mit anderen dicken Kindern in ein Therapiezentrum für Kinder mit Übergewicht. Als er zurückkehrte, machte er einen glücklichen Eindruck. Er hatte ein klein wenig abgenommen, war oft draußen gewesen und hatte vor allem gelernt, was gutes Essen ist. Überzeugt erzählte er, wie gerne er nun Salat esse, dass sie in der Klinik selbst experimentiert hätten mit verschiedenen Saucen, dass er fortan keine Paprikachips mehr essen würde, denn die seien es gewesen, die ihn so dick gemacht hätten. Er erklärte seinen Eltern, was er von nun an gerne essen würde. Die Eltern waren froh, dass er nun Fisch mochte, der ja so gesund sein sollte, den er aber immer abgelehnt hatte. Also kauften sie Fischstäbchen im Supermarkt. Die konnte er sich selbst schnell anbraten, wenn er von der Schule nach Hause kam und niemanden antraf. Ein bisschen Remoulade dazu, und fertig. Sie kauften anfangs auch viel mehr Salat als zuvor, dazu ein French-Dressing aus dem Supermarkt, das konnte man sich darübergießen.

Eines nachmittags, ein paar Wochen später, spielte Boris mit einem Freund auf der Wiese hinter dem Haus. Es war Spätsommer und sie breiteten eine Picknickdecke aus, auf der sie Karten spielten. »Hast du heute gar keine Chips dabei?«, fragte der schlanke Freund, bei dem es so etwas zu Hause gar nicht gab. »Die esse ich nicht mehr«, sagte Boris. »Och wie blöd«, sagte der Freund, »dann gehe ich woanders hin.« Da stand Boris auf, ging in die elterliche Wohnung und holte eine Tüte Chips aus dem Vorratsschrank. Die aßen sie zu zweit. Als es später wurde und es Zeit fürs Abendessen war, ging der Freund nach Hause. Boris sollte er nicht mitbringen, hatten die Eltern gesagt, schließlich füttere man doch das Nachbarskind nicht ständig mit durch. Da ging Boris zum Burger-Brater ein paar Straßen weiter und kaufte sich von dem Geld, das ihm seine Mutter zu diesem Zweck dagelassen hatte, einen doppelten Burger mit Pommes und Cola.

Es dauerte nicht mehr lange, und Boris wog wieder mehr als vor der Kur. Boris hat es trotz der vielen Anregungen während der dreiwöchigen Therapie nicht geschafft, sich mit seiner neu erlernten

Spießt du meine Banane, spieß ich deinen Apfel! Fruchtspieße machen Spaß und sind ein idealer Nachmittags-Snack. Wenn sie fertig sind, haben die Küchenkids schon jede Menge Vitamine nebenbei verdrückt.

Esskultur zu Hause durchzusetzen. Dabei waren seine Eltern guten Willens. Die Familie scheiterte am eigenen Unwissen und an der Bequemlichkeit.

Ein guter Ernährungstag

Dass ein Kindertag, der mit süßen Schokopops beginnt, mit Wurstsemmel, Pizza und Fischstäbchen weitergeht und mit Chips endet, nicht gesund ist, ist leicht zu verstehen. Dass dagegen ein Kindertag, der mit trockenem Vollkornbrot beginnt, mit Salat und Gemüse weitergeht und mit einem Glas Milch endet, zwar gesund ist, aber kaum machbar, das wissen alle Eltern nur zu gut. Also gilt es, das richtige Maß zwischen gesunden und leckeren Produkten zu finden, damit es den Kindern schmeckt und trotzdem nicht dick macht. Ein solcher Kompromiss ist gar nicht so einfach. Vor allem, weil er täglich neu geschlossen werden muss und weil es ja auch nicht jeden Tag das Gleiche geben soll.

Hilfreich bei der Zusammenstellung eines guten und realistischen Ernährungstags ist die Ernährungspyramide, die sehr anschaulich zeigt, von welchen Lebensmitteln man viel essen soll und von welchen wenig. Unten an der breiten Basis sind die gesunden Lebensmittel aufgebaut und in der Spitze eher ungesunde Nahrungsmittel. Von den ungesunden soll man nur ganz wenig zu sich nehmen.

Die Pyramide existiert in zahlreichen Varianten, meistens als zweidimensionales Dreieck, seltener als komplizierte dreidimensionale Pyramide. Manche propagieren viel Brot und Getreide, weniger Eiweiß und noch weniger Fett. In den letzten Jah-

Mit der Pyramide geht's leichter

Die Ernährungspyramide zeigt, von welchen Lebensmitteln man viel essen soll und von welchen wenig. An der breiten Basis sind die gesunden Lebensmittel aufgebaut, und in der Spitze eher ungesunde Lebensmittel.

ren hat man aber entdeckt, dass Fett nicht grundsätzlich schädlich ist, wenn es das richtige Fett ist. Deswegen stehen auch in unserer Pyramide nur noch die ungesünderen festen Fette oben und die gesünderen flüssigen Öle unten. Der Wert von eiweißreichen Nahrungsmitteln wie Fisch, Fleisch und Milchprodukten wird heute höher eingestuft, der von Kohlenhydraten etwas niedriger. Diese neue Pyramide ist aus der Theorie des so genannten glykämischen Index entstanden, der die Auswirkung eines Nahrungsmittels auf den Blutzuckerspiegel angibt. Viele Übergewichtige sind deshalb zu dick, weil sie zu viele Lebensmittel mit hohem glykämischem Index essen, viel Süßes und andere wertlose Kohlenhydrate, wie sie vor allem im Weißmehl stecken. Ernährungspyramiden, die sich nach diesem Index richten, sind deswegen anders aufgebaut als die bisher üblichen.

Wer seine Familie nach den Richtlinien unserer Ernährungspyramide verköstigt, bekommt alles, was der Körper braucht, und benötigt keine Zusätze wie Vitamine oder Mineralstoffe.

Ein guter Ernährungstag enthält reichlich ungesüßte Getränke, viel Obst und Gemüse, viel Eiweiß und Vollkornprodukte, aber wenig Süßes und wenig Weißmehlprodukte. Für Kinder setzt er sich ungefähr so zusammen:

Sechs Portionen Getränke

Als Portion gilt dabei ein Glas von 200 ml Inhalt. Fünf Gläser davon sollten gar keinen Zucker enthalten, also aus Wasser, Mineralwasser oder ungesüßtem Tee bestehen, dazu ein Glas Saft oder Saftschorle. Milch wird hier nicht zu den Getränken gerechnet, weil sie sehr nährstoffreich ist und deswegen weiter oben in der Pyramide bei den eiweißhaltigen Lebensmitteln auftaucht. Sämtliche Limonaden, Colagetränke und Eistees ohne Schwarztee gehören wegen ihres hohen Zuckergehalts ebenfalls nicht zu den Getränken, sondern zu den Süßigkeiten, die ganz oben in der Pyramide stehen.

Fünf Portionen Obst, Gemüse und Öl

Obst und Gemüse liefern reichlich Vitamine, Mineralstoffe, Spurenelemente und sekundäre Pflanzenstoffe, die in kleinen Mengen für die Gesundheit wichtig sind. Außerdem beinhalten sie Ballaststoffe, die den Magen füllen, ohne dick zu machen, und ohne die unser Darm immer träger und träger würde.

Eine Portion kann ein Apfel sein, eine Handvoll Kirschen oder ein Glas Saft. Am besten, man probiert alles aus und stellt fest, was das Kind mag.

Eine Portion Gemüse ist so groß, wie sie das Kind zu einer Mahlzeit isst. Aber auch eine rohe Karotte zum Knabbern zählt als Portion oder ein Viertel eines rohen Kohlrabi zwischendurch.

Kartoffeln zählen wegen ihres hohen Gehalts an Kohlenhydraten nicht zum Gemüse, sondern stehen in der Pyramide bei den Getreideprodukten. Nicht hierzu gehören auch Fruchtsaftgetränke oder Limonaden. Sie finden sich entsprechend ihres Zuckergehalts bei den Süßigkeiten.

Pflanzliche Öle sind beim Kochen und Braten den tierischen Fetten wie Butter und Schmalz vorzuziehen, denn sie enthalten weniger gesättigte und stattdessen viele ungesättigte Fettsäuren, die sehr viel gesünder sind. Vor allem die ungesättigten, so genannten Omega-3-Fettsäuren haben einen ausgesprochen gesundheitsfördernden Effekt und können im Körper u. a. Entzündungsprozesse aufhalten. Bei den Ölen haben Ernährungsfachleute folgende Hitliste (in absteigender Qualität) zusammengestellt: Rapsöl, Walnussöl, Sojaöl, Olivenöl, Weizenkeimöl, Sonnenblumenöl und Maiskeimöl.

Vier Portionen Milchprodukte, Fisch oder mageres Fleisch

In ihnen steckt das für Kinder so wichtige Eiweiß, das für das Wachstum nötig ist, und in ihnen steckt das wichtige Kalzium für den Knochenaufbau.

Die Milchportionen bestehen entweder aus Milch, Joghurt, Quark oder Käse. Am besten ist frische, fettarme Milch. Sie enthält nur 1,5 Prozent Fett und daher weniger Energie als Vollmich mit 3,5 Prozent Fett. Auch ein Glas Buttermilch oder Dickmilch schmeckt vielen Kindern. Bei Joghurts und Quark muss man sehr aufpassen, dass nicht zu viel Zucker hineingemischt wurde. Naturjoghurts und Magerquark sind die beste Wahl. Das Gleiche gilt für Quarkspeisen. Auch die sind selbst verfeinert am gesündesten; ein Blick auf die Inhaltsstoffe verrät den Zuckeranteil. Enthält eine Quarkspeise viel Zucker, zählt sie zu den Süßigkeiten.

Zu den Portionen Milch und Milchprodukte kommt in der Pyramide pro Tag noch mindestens eine zusätzliche Eiweißportion aus tierischer oder pflanzlicher Quelle. Tierisches Eiweiß liefern Fleisch, Wurst, Fisch und Eier. Pflanzliches Eiweiß steckt vor allem in Hülsenfrüchten wie Erbsen, Bohnen oder Sojabohnen. Statt Fleisch oder Fisch sollte man ruhig mehrmals in der Woche Hülsenfrüchte essen, die fettarm und noch dazu sehr preiswert sind.

Tierisches Eiweiß sollte möglichst mager sein. Besonders gesund sind alle Sorten von Geflügel, also meist Hähnchen und Pute. Magere Stücke vom Schwein, Rind oder Lamm dürfen auch dabei sein. Fisch ist ein sehr wertvolles Lebensmittel, denn vor allem Seefisch enthält wichtige, seltene Fettsäuren und Mineralstoffe. Fisch ist in den Tiefkühltruhen der Supermärkte fast immer im Angebot und oft gar nicht so teuer wie sein Ruf. Am besten wäre mindestens ein Fischgericht pro Woche.

Eier sind sehr energiereiche Nahrungsmittel, die so vielfältig zubereitet werden können, dass sie schon ganze Kochbücher füllen. Die meisten Eiergerichte sind sehr einfach zuzubereiten.

Einfacher als mit Milch lässt sich der Eiweiß- und Kalziumbedarf kaum decken. Außerdem schmeckt's.

Drei Portionen Vollkornbrot und Getreideprodukte

Hier kommen nun die Kohlenhydrate ins Spiel, am gesündesten als Vollkornprodukt. Vollkorn heißt: mit allen Bestandteilen, die das ursprüngliche Getreidekorn hatte, also nicht geschält und nicht zu stark verarbeitet, sodass der Keimling und die Randschichten des Getreides mitverwendet werden. Denn nur dann enthalten die Produkte auch die wichtigen Ballaststoffe, die der Darm braucht und die lange satt machen. Wegen dieser Ballaststoffe werden die Kohlenhydrate langsamer im Körper verarbeitet und treiben den Blutzuckerspiegel nicht so rasch und nicht so stark in die Höhe wie etwa Weißmehlprodukte. Er fällt deswegen auch anschließend weniger stark ab, und es kommt gar nicht zu den gefürchteten Hungerattacken. Außerdem zeichnen sich Vollkornprodukte durch ihren höheren Gehalt an Vitaminen, Mineralstoffen und mehrfach ungesättigten Fettsäuren aus, die in den Randschichten des Getreidekorns sitzen.

Zu dieser Pyramidenebene gehören Vollkornbrot, Vollkornnudeln, ungeschälter Reis und Getreideflocken (Müsli). Als Portion gilt die Menge, die ein Kind auf einmal isst. Das kann eine Scheibe Vollkornbrot sein, eine Portion Reis oder eine kleine Schale Müsli.

Doch Vorsicht! Vollkornbrot erkennt man nicht an der Farbe, sondern entweder am grob geschroteten Mehl, das im Brot noch sichtbar ist, oder durch Nachfragen beim Bäcker. Im Supermarkt lohnt sich ein Blick auf die Packung, am besten auf das Kleingedruckte auf der Rückseite, das immer am aufschlussreichsten ist. Dunkle Brote, besonders die aus dem Supermarkt, sind oft gefärbt und deswegen nicht gesünder als Weißbrot.

Vollkornnudeln sind zwar nicht jedermanns Geschmack, aber ausprobieren lohnt sich auf alle Fälle. Besonders gut schmecken sie zu kräftigen Saucen, beispielsweise mit Pilzen oder Wurzelgemüse, oder auch zu Fleischsaucen.

Auch Müsli aus Getreideflocken zählt als eine Portion Getreideprodukt, aber nur ein Müsli aus Haferflocken oder anderen echten Getreideflocken, nicht dagegen die süßen Cerealien in den großen bunten Schachteln. Sie sind kein Müsli, sondern allenfalls ein Süßli und zählen deswegen zu den Süßigkeiten.

Zwei kleine Portionen Butter, Schmalz oder Bratfett

Hier beginnen die ungesunden Lebensmittel, von denen man am Tag möglichst wenig essen soll, vor allem bei Übergewicht. Butter oder Schmalz enthält sehr viele gesättigte Fettsäuren, die ungesünder sind als die ungesättigten der pflanzlichen Öle und auch schneller dick machen.

Ganz verboten sind sie nicht, denn zum Essen gehört Genießen, und täglich ein oder zwei kleine Sünden dürfen auch sein. Zum Beispiel Butter, die vielen einfach gut schmeckt und auf einer frischen Scheibe (Vollkorn-)Brot köstlich schmeckt.

Eine Portion zu bemessen ist hier nicht so eindeutig, denn man isst ja keine Handvoll Butter. Fette sind in den Lebensmitteln entweder schon enthalten oder werden beim Zubereiten zugegeben. Als Richtschnur für Kinder zählt als Fettportion die Menge, die auf ein Kinder-Butterbrot passt, egal ob es wirklich Butter ist oder ein anderer fetter Brotaufstrich. Verwenden Sie beim Braten aber möglichst immer die gesünderen pflanzlichen Öle anstelle von Bratfett (siehe Seite 33).

Eine Portion Süßes oder Snacks

Damit keine Missverständnisse entstehen: Süßes und Snacks gehören eigentlich überhaupt nicht zu einer gesunden Ernährung. Am besten wäre, sie ganz wegzulassen. Da das aber den wenigsten gelingt, nicht den Erwachsenen und schon gar nicht den Kindern, sind sie in die Ernährungspyramide aufgenommen worden, sozusagen als Dreingabe an die menschliche Schwäche. Dass sie in der Pyramide oben an der Spitze stehen, bedeutet auch nicht etwa, dass sie die Spitze der Ernährung sind. Vielmehr ist dort oben die Luft dünn und die Portionen klein. Etwa ein weißes Brötchen, ein paar kleine Kekse, ein kleines Stück Kuchen, eine Portion Eis, Schokolade (keine ganze Tafel!), Nuss-Brotaufstrich oder ein kleiner Riegel ist bei einer sonst gesunden Ernährung Kindern erlaubt. Alternativ darf es eine Portion Chips & Co. sein oder (nicht und!) ein Glas Limo. Dies gilt für normalgewichtige Kinder. Wenn Kinder abnehmen wollen oder sollen, lässt man die Pyramidenspitze am besten eine Zeit lang ganz weg oder erlaubt sie nur ausnahmsweise.

Auch die Weißmehlprodukte sind in die Pyramidenspitze gerutscht. Dazu gehören alle hellen Brote, Brötchen, Kuchen, Gebäck und alle normalen Nudeln; außerdem weißer Pizzateig und geschälter Reis. Ebenso kommen in diese Kategorie alle Frühstücksflocken in den bunten Kartons. Die in diesen Lebensmitteln enthaltenen Nährstoffe gehören nämlich zu den »schlechten« Kohlenhydraten, die vom Körper ganz schnell zu Zucker umgebaut werden können. Sie lassen den Blutzuckerspiegel rasch steigen und sättigen nur kurz.

Es ist sehr aufschlussreich, die eigene Ernährungspyramide aufzuschreiben, für jedes Kind einzeln und am besten auch gleich für sich selbst. Eine Woche Buch führen genügt. Eine solche »tatsächliche« Pyramide zeigt sehr schnell, wie groß die Umstellung sein muss, um der idealen Pyramide näher zu kommen. Jeder Schritt der Annäherung an die ideale Pyramide hilft! Nicht aufgeben, nur weil man es nicht schnell genug schafft. Umstellung braucht vor allem Zeit und viel, viel Geduld.

Zuckerfallen

Zucker ist das wertloseste Kohlenhydrat, weil er direkt ohne weiteren Aufwand des Stoffwechsels zu Energie verarbeitet werden kann. Traubenzucker geht sofort ins Blut, Frucht- und Milchzucker nach kurzen Umbauten durch den Stoffwechsel. Im Vergleich zu komplexen Kohlenhydraten braucht der Körper sich bei Haushaltszucker keine Mühe zu machen, um an die Energie zu gelangen. Deswegen verspürt, wer Hunger hat, auch besondere Lust auf Süßes. Bekommt der Körper aber zu viel Zucker, wandelt er ihn letztlich in Fett um. Schon sitzt der Speck auf den Hüften.

Deswegen stehen süße Lebensmittel in der Ernährungspyramide bei den Nahrungsmitteln, von denen man nur sehr kleine Mengen pro Tag zu sich nehmen soll. Bei Süßigkeiten und Kuchen sieht das jeder ein, aber damit ist es nicht getan. In vielen verarbeiteten Lebensmitteln steckt ebenfalls Zucker. Damit z.B. Tütensuppen besser schmecken, bestehen fast alle Produkte aus mehr oder weniger Zucker. Die Tomatensuppe, in der mehr Zucker enthalten ist, essen Kinder lieber, und die Mutter kauft sie, denn Tomatensuppe, so denkt sie, ist doch gesund. Schon geht die Rechnung der Produzenten auf.

Zucker steckt auch in vielen anderen herzhaften Fertiglebensmitteln, etwa in Kartoffel- oder Eiersalat, Brotaufstrichen, Saucenmischungen oder in Salatkräutermischungen.

Der Kummerkasten Sophie, 9 Jahre

Sophie traut sich nicht, ihren Eltern zu erzählen, wenn sie Kummer hat. Stattdessen verkriecht sie sich in ihr Zimmer und futtert Süßigkeiten. Mittlerweile sind die Speckringe unübersehbar geworden, und das früher sportliche Mädchen mag sich kaum mehr bewegen. Auf Empfehlung von Nicola Sautter hat die Familie einen Kummerkasten eingeführt. Jetzt schreibt Sophie auf, was sie bedrückt, anstatt es mit Süßkram in sich hineinzufuttern. Ihre Erfahrungen kann sie so besser verarbeiten. Die Eltern leeren den Kummerkasten und können ihrer Tochter nun bei kleinen und großen Sorgen helfen.

Zucker ist überall: Die süßesten Verführer

➤ 500 g Tomatenketchup: 20 Zuckerwürfel

➤ 1 Kinderjoghurt: 6 Zuckerwürfel

➤ 1 l Cola: 44 Zuckerwürfel

Zucker steckt nicht nur in Süßigkeiten, sondern auch in Milchprodukten, die gesund erscheinen wollen, und sogar in herzhaften Lebensmitteln, in denen man ihn gar nicht vermuten würde. Deswegen: Immer erst auf die Inhaltsstoffe sehen, bevor man den Werbeversprechen glaubt.

➤ 500 g Früchtebuttermilch: 21 Zuckerwürfel

➤ 500 g Fruchtjoghurt: 21 Zuckerwürfel

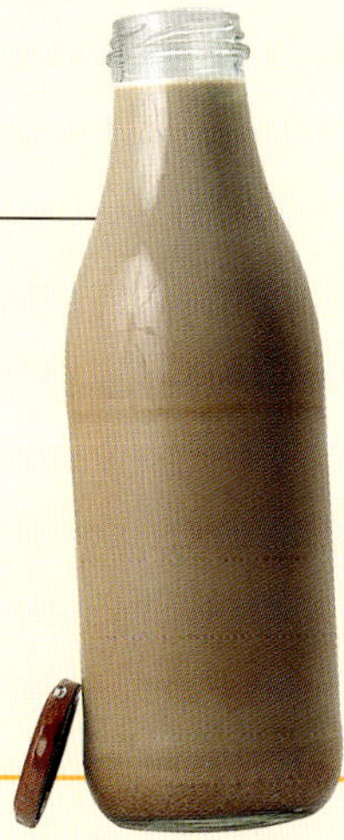

➤ 1l Kakaogetränk: 18 Zuckerwürfel

1 Zuckerwürfel = 3 g Zucker

Sieht frisch und gesund aus, besteht aber hauptsächlich aus Zucker und Farbstoff: Lutscher.

Im Kühlregal bei den Milchprodukten stehen sogar Zuckerbomben, die besonders gesund zu erscheinen versuchen, etwa Fruchtjoghurts und Quarkspeisen. Zwar ist Quark eine eiweißreiche und gesunde Speise, doch in Fruchtquark steckt zum Teil doppelt so viel Zucker wie Eiweiß. Ein Erdbeerfruchtquark kann 13 Gramm Kohlenhydrate (also Zucker, denn Stärke ist in Quark ja nicht enthalten) pro 100 Gramm enthalten, das sind bei einer Portion von 150 Gramm ganze 6 Stück Würfelzucker!

Schließlich locken noch die Frühstückszuckerfallen mit den Getreideflocken in den großen bunten Schachteln, mit Schoko-Brotaufstrich und mit Schokopulver für die Milch. In ihnen steckt so viel Zucker, dass schon ein Frühstück die Tageszuckermenge überschreiten kann. Frühstücksflocken aus Maismehl enthalten in manchen Sorten genauso viel Zucker wie Stärke, nämlich rund 40 Gramm pro 100 Gramm. Neuerdings werden Varianten »mit weniger Zucker« angeboten. Darin stecken aber immer noch 25 Gramm Zucker pro 100 Gramm.

Essen Kinder ein Brot zum Frühstück und trinken ein Glas Milch dazu, wird aus einer gesunden Mahlzeit rasch ein Zuckerfrühstück, sobald sie Schoko- oder Erdbeerpulver in die Milch rühren, das bis zu 85 Prozent aus Zucker besteht, und sobald sie einen Nuss-Nougat-Aufstrich aufs Brot schmieren, mit 54 Prozent Zucker und dazu noch 30 Prozent Fett. Was also tun, damit Eltern und Kinder nicht in die zahlreich aufgestellten Zuckerfallen tappen?

Zuckerfallen erfolgreich umgehen

Da die größten Fallen für Kinder auf dem Frühstückstisch stehen, ist es am wirkungsvollsten, hier ein paar Produkte vom Tisch zu verbannen oder sie nur noch sehr selten zuzulassen. Stattdessen bieten sich eine Menge Alternativen an, die weitaus zuckerärmer, vitaminreicher und gesünder sind:

Müsli statt Süßli: Eine richtige Getreide- oder Müslimischung mit frischer, fettarmer Milch, magerem Quark und ein paar Stückchen frischem Obst nach Geschmack ersetzen süße Frühstücksflocken. Müsli gibt es in vielen Varianten bereits gemischt zu kaufen. Am besten sind die in durchsichtigen Tüten. Alles, was in Schachteln steckt, sollte man genau nach seinen Inhaltsstoffen und vor allem nach der Zuckermenge durchforsten. Ob man die Mischung im Bioladen oder im Supermarkt kauft, spielt bezüglich des Zuckergehalts keine Rolle.

Müslis kann man auch sehr gut selbst mischen, ganz nach dem eigenen Geschmack. Basis sind Haferflocken oder andere Getreideflocken, dazu ein paar Nüsse, fein geschnittene Trockenfrüchte, Sonnenblumen- oder Kürbiskerne. All das gibt es mittlerweile auch in vielen Supermärkten zu kaufen.

Bananenmilch statt Schokomilch: Reine Milch, warm oder kalt, ist ein ideales Kinderfrühstücksgetränk. Ist sie frisch und nicht haltbar gemacht, schmeckt sie fast allen Kindern. Für Kinder, die Milch pur nicht so gerne mögen, gibt es eine gute

Alternative zu Schoko- und Fruchtpulvern: Eine halbe Banane, im Mixer püriert und unter die Milch gerührt, oder je nach Saison ein paar frische Erdbeeren machen daraus einen leckeren und gesunden Milchshake. Das geht schnell, ist preiswert und vermeidet überflüssigen Zucker.

Früchte-Joghurt statt Fruchtjoghurt: Anstelle der meist stark gesüßten Fruchtjoghurts aus dem Supermarkt essen Kinder einen Naturjoghurt, in den ein paar Obststückchen hineingeschnitten sind, bestimmt genauso gerne. Wenn es süßer sein soll, können sie auch einen kleinen Löffel Fruchtaufstrich (wie Konfitüre oder Marmelade, nur mit wenig Zucker) hineinrühren.

Suppen und Saucen selbst machen: Anstelle der oft gesüßten Fertigmischungen für Suppen und Saucen lohnt es sich, Suppen und Saucen schnell und einfach selbst zuzubereiten. Obwohl viele Köche eine Zauberei darum veranstalten, sind fast alle Basisrezepte sehr einfach und brauchen nicht viele Zutaten. Außerdem kann es selbst gewürzt immer wieder anders schmecken.

Fette Beute

Neben den gemeinen Zuckerfallen lauern mindestens ebenso viele Fettfallen, nur nicht hauptsächlich am Frühstückstisch (außer Schokoaufstrich), sondern beim Mittag- und Abendessen. Die Fallenaufsteller sind ganz ähnliche wie bei den Zuckerfallen: Sie kommen aus der Lebensmittelindustrie. Weil Fett ein besonders guter Geschmacksträger ist, schmeckt das fettreichere Produkt oft besser als das Gleiche in einer mageren Variante. Also kommt viel Fett in die Lebensmittel, dann werden sie gerne gekauft. Wer jedoch die dicksten Fallen kennt, kann sie umgehen und ganz ohne Geschmacksverlust auf Alternativen umsteigen. Fett versteckt sich vor allem in der Tiefkühltruhe, bei den Kartoffelprodukten, beim Geflügel und beim Fisch. Nun enthalten weder Kartoffeln noch Geflügel kaum eigenes Fett; dasselbe gilt für Fisch. Der große Fettgehalt kommt erst daher, dass die Produkte zu Fertiggerichten verarbeitet werden, die lediglich in den Ofen geschoben oder in der Pfanne gebacken werden müssen. Dann enthalten Tiefkühl-Kartoffelpuffer z. B. 7 Gramm Fett pro 100 Gramm, Tiefkühl-Pommes ebenfalls 7 Gramm pro 100 Gramm. Dazu kommt dann noch das Fett beim Zubereiten in der Pfanne oder Fritteuse. Panierte Hähnchenstücke können 12 Gramm Fett enthalten, Fischstäbchen 8 Gramm, ein »Schlemmerfilet« aus Fisch und Kräuterstreuseln 9 Gramm pro 100 Gramm.

Die ungesündeste Kartoffel der Welt: Pommes rot-weiß, mit Frittierfett, süßem Ketchup und fetter Mayonnaise.

Nicht zu empfehlen: Die dicksten Fettquellen

Für alle Übergewichtigen gilt: Gabeln weg von allem Paniertem und Fettgebackenem. Denn zu dem Fett, das schon im Lebensmittel selbst steckt, kommt noch das Bratfett in der Pfanne. Dann trieft es richtig.

➤ 200 g Tiefkühl-Kartoffelpuffer | 4 g Fett

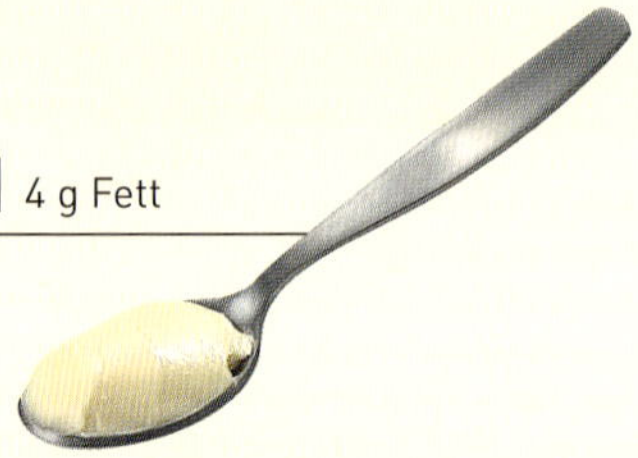

➤ 200 g Tiefkühl-Pommes | 9 g Fett

➤ 250 g Hähnchen-Nuggets | 27 g Fett

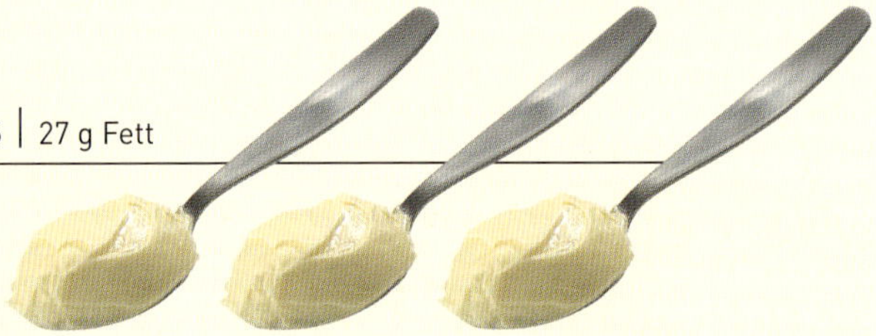

➤ 150 g Fischstäbchen | 13 g Fett

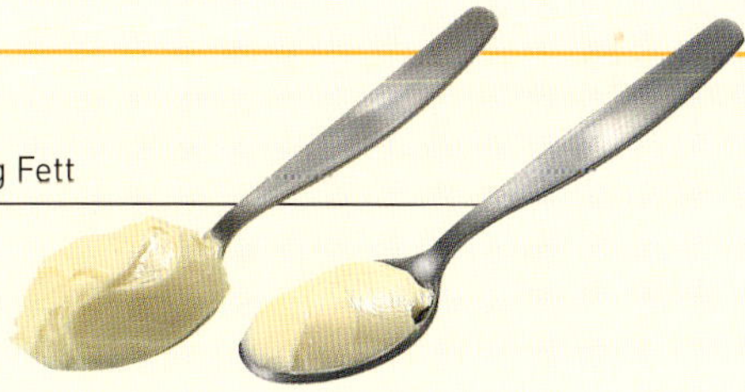

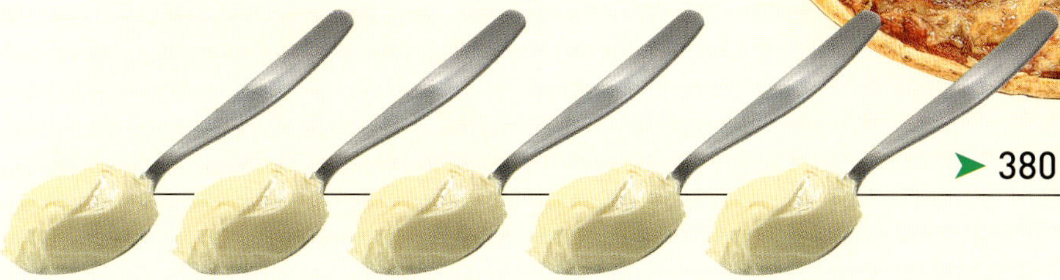

➤ 380 g Salami Pizza | 45 g Fett

➤ 380 g Schlemmerfilet | 35 g Fett

1 gehäufter TL Butter = 9 g Fett

Mogelpackung
Lucie, 5 Jahre

Heute dauert es wieder besonders lange an der Kasse. Während ihre Mutter genervt auf das Vorrücken der Schlange wartet, sieht Lucie sich um. Da vorne! Die vertrauten Farben und ein lachender Pinguin auf der Packung. Schon hat Lucie eine geschnappt und hält sie Mama vor die Nase: »Schau, mit 'ner Creme aus frischer Vollmilch!« Das kennt sie vom Fernsehen. »Nein Lucie, du isst das nicht! Zu Hause gibt es gleich Abendessen. Gib es mir.« Heimlich lässt sie sie zwischen den Regalen verschwinden, während ihre Tochter protestiert. »Aber Mama, Milch ist doch gesund!« »Ja, aber Schokolade nicht«, sagt Mama.

Fetthaltig wird es überall dort, wo paniert wird, denn die Stärke des Paniermehls saugt Fett auf wie ein Schwamm. Aber auch eine Salami-Pizza enthält 14 Gramm Fett in 100 Gramm.

Nebenan im Kühlregal lauert die Fettfalle vor allem bei manchen Brotaufstrichen und cremigen »Fertigsalaten«, wie Geflügelsalat mit Mayonnaise. Selbst »Pellkartoffelsalat« ist nur vermeintlich gesund und enthält im Joghurt-Dressing noch ganze 14 Prozent Fett. Pikante Brotaufstriche können sogar bis zu einem Viertel reines Fett versteckt halten.

Bei allen Fertigsaucen lohnt sich ein Blick auf die Inhaltsstoffe. Salat-Dressings sind beispielsweise manchmal eine fette Angelegenheit, sie bestehen nicht selten zu einem Viertel aus Fett, neben meist noch allerlei Zucker und Geschmacksverstärkern. Tütensaucen verstecken gerne mal 11 Prozent Fett in Kräuter- oder Käsemischungen und dazu wird empfohlen, zur Verfeinerung noch etwas frische Sahne zuzugeben.

Schließlich schnappt die vierte Fettfalle bei den Knabbersachen zu. Chips und Co. sind wahre Fettschleudern. Sie enthalten bis zu 35 Gramm Fett in einer kleinen 100-Gramm-Tüte. Ebenso fetthaltig sind Erdnussflips, während Tortilla-Chips mit 22 Gramm Fett pro 100-Gramm-Tüte noch eine vergleichsweise harmlose Variante darstellen.

Fettnäpfchen vermeiden

Verzweiflung ist nicht angesagt, denn für all das gibt es Alternativen, die wesentlich fettärmer sind und meistens sogar besser schmecken.

Natur statt paniert: Ein paniertes Schweineschnitzel von 150 Gramm enthält rund 12 Gramm Fett, natur gebraten nur 3 Gramm. Drei Viertel des Fetts lassen sich also sparen, wenn Fleisch, Geflügel oder Fisch unpaniert auf den Tisch kommen. Paniermehl und das darin aufgesogene Fett sind völlig überflüssige Nahrungsmittel, die noch aus der Hungerzeit nach dem Krieg stammen, als jede Art von Fleisch oder Fisch noch eine Rarität war und die Hausfrau die Familie anderweitig satt bekommen musste. So wurde eben das wertvolle Fleisch mit einer Panade gestreckt, dann sah es nach mehr aus und füllte die hungrigen Mägen. Heute, angesichts des umgekehrten Problems, gehört Paniermehl eigentlich in gar keine Küche mehr, schon gar nicht bei Familien, die gegen Übergewicht kämpfen.

Dämpfen statt Braten: Beim Garen über Wasserdampf oder Brühe können Sie getrost auf die Zugabe von Fett verzichten und Fisch und Gemüse ganz schonend zubereiten. Dadurch erhalten Sie den Eigengeschmack und die Farbe von Gemüse in optimaler Weise. Diese Art der Zubereitung hat neben dem Fettspareffekt noch einen weiteren Vorteil: Keine andere Garmethode schont lebenswichtige Inhaltsstoffe wie Vitamine und Mineralstoffe besser – Sie tun Ihrer Gesundheit also in doppelter Hinsicht etwas Gutes. Wenn Sie beim Dünsten die Fettzugabe auf ein mögliches Minimum reduzieren und die Dünstflüssigkeit anschließend mitverwenden, haben Sie die nächstbeste Variante gewählt.

Das tellergroße Wiener Schnitzel sollte sich, wer abnehmen will, nur sehr gelegentlich im Wirtshaus gönnen, als ganz besonderes Ausnahme-Extra.

Milch statt Sahne: Beim Kochen, vor allem beim Zubereiten von hellen Saucen, muss es nicht immer ein ganzer Becher Sahne sein. Meistens kann man einen Teil verlustfrei durch Milch ersetzen, die viel weniger Fett enthält und die Sauce genauso gut schmecken lässt. Das Gleiche gilt für die saure Variante: Es muss nicht immer Crème fraîche sein, saure Sahne tut es auch und ist viel fettärmer.

Schinken statt Wurst: Auf dem Brot für die Schule oder für unterwegs schmeckt gekochter oder roher Schinken genauso gut wie Kochwurst oder Salami, enthält aber wesentlich weniger Fett. Bei im Handel erhältlichen Brotaufstrichen gibt es große Unterschiede, was sowohl den Fettgehalt als auch den Gesundheitswert angeht. Hier lohnt sich immer ein Blick auf die Zutatenliste und den Energiegehalt.

Salzbrezeln statt Chips: Wenn es schon Knabbersachen aus der Tüte sein müssen, dann möglichst oft solche mit wenig Fett, beispielsweise Salzstangen oder Salzbrezeln.

Hefebrötchen statt Croissants: Süßes vom Bäcker zählt auf jeden Fall als Süßigkeit, die es maximal einmal pro Tag geben soll. Fett sparen kann man bei der Auswahl der Leckerei. Ein Rosinenbrötchen enthält weniger Fett als ein Croissant, ein Stück Biskuitkuchen mit Obst belegt ist fettärmer als ein Stück Rührkuchen.

Werbung und Wahrheit

Sinn und Zweck jeder Werbung ist es nicht, Informationen zu verbreiten, sondern die Kunden zum Kaufen zu bewegen. Dennoch beziehen eine Menge Menschen ihre Informationen auch aus der Werbung. Gerade sie brauchen daher manchmal ein wenig Aufklärung über das, was Werbung suggeriert, und das, was hinter den Produkten steckt. Nackte Lügen dürfen auch in der Werbung nicht verbreitet werden, das verbietet das Gesetz. Doch platt zu lügen haben die wenigsten Firmen nötig. Denn es geht auch viel trickreicher.

Seit Gesundheit und Fitness in Mode gekommen sind, versuchen gerade Lebensmittelhersteller, diesen Trend aufzugreifen und ihren Produkten irgendetwas »Fittes« anzudichten. Da Bilder viel ausdrucksstärker und wirkungsvoller sind als Texte, wird die Botschaft über das Bild vermittelt. Sobald es um Nahrungsmittel geht, ist stets eine glückliche Familie mit meistens zwei Kindern zu sehen. Es geht ihnen gut, sie haben ein Häuschen mit Garten, in dem die Kinder herumtollen, und wenn sie erschöpft die Küche betreten, hat Mama entweder eine Leckerei für sie oder gut gekocht, natürlich aus der Tüte. Ein schlechtes Gewissen hat niemand dabei, denn die Bonbons enthalten ja Vitaminzusätze und die Tütenmahlzeit Gemüsebestandteile, wenn auch nur pulverisiert und so vitaminfrei, dass diese

Wenn Erwachsene schon anfällig sind für die Botschaften der Werbung, wie sehr sind es erst die Kinder!

Da kommt kein Aromastoff mit: Der Duft von frischem Obst oder Gemüse ist unübertroffen. Dasselbe gilt für den Geschmack. Deshalb: Zwiebel statt Zwiebelaroma in der Sauce, und Apfel statt Apfelgeschmack im Joghurt.

wieder extra zugesetzt werden. Selbstverständlich sind auf dem Werbebild alle Erwachsenen und die Kinder gertenschlank und sportlich.

Die Botschaft heißt stets: »Kauf und iss unser Produkt, dann geht es dir gut.« Bonbons sind aber niemals gesund, und wenn sie noch so viele Vitaminzusätze enthalten. Tütensuppen sind vielleicht bequem, aber wer immer nur aus der Tüte isst, wird kaum in einer Lebenssituation sein wie die gezeigte Familie. In diesen bessergestellten Familien wird nämlich fast immer frisch gekocht.

Wenn Erwachsene schon anfällig sind für die Botschaften der Werbung, wie sehr sind es erst die Kinder! Sie sind am Nachmittag in den Kinderprogrammen einem wahren Bombardement an Reklame ausgesetzt. Wissenschaftliche Untersuchungen haben aber zwischenzeitlich ergeben, dass sie erst als Jugendliche zwischen Programm und Werbung ausreichend unterscheiden können.

Mehr als die Hälfte der Werbung im Kinderprogramm gilt Nahrungs- und Genussmitteln. Kinder werden mithilfe von Comicfiguren und Spielzeugversprechen massiv aufgefordert, Süßigkeiten und angeblich gesunde Kinderprodukte zu konsumieren, die aber Nahrungsmittelexperten mehrheitlich als ungesund einstufen.

Neuerdings stattet die Werbung Kinder auch gerne mit Argumenten aus wie »mit besonders viel Kalzium« oder »mit lebenswichtigem Eisen« – Sprüche, die die Kinder später vor dem Kühlregal im Supermarkt ihren erstaunten Eltern präsentieren, um die bunten, süßen Becher zu bekommen. Gutgläubige Eltern lassen sich überreden, und schon landet der Becher im heimischen Kühlschrank. Was die Werbung natürlich verschweigt, ist der manchmal enorme Zuckergehalt der vermeintlich gesunden Nahrungsmittel. Der muss laut Lebensmittelgesetz aber auf der Packung gut leserlich vermerkt sein, sodass Eltern durchaus die Chance haben, den Argumenten ihres Nachwuchses etwas entgegenzusetzen. Zumindest sollten sie nicht glauben, ihren Kindern etwas Gutes zu tun, wenn sie einen süßen Frühstückssnack »mit extra viel Vitamin C« kaufen.

Schutz vor falschen Werbebotschaften

Ernährungsfachleute, die sich mit übergewichtigen Kindern beschäftigen, stellen fest, dass gerade Kinder und Jugendliche der Werbung und den Verkaufsstrategien der Nahrungsmittelindustrie ausgeliefert sind, wenn sie nicht die Eltern davor schützen und ihnen die ganze Wahrheit erzählen. Tun sie es nicht, werden Süßigkeiten oder Chips zu Modeprodukten, die sich die Kinder von ihrem Taschengeld kaufen, um cool zu sein und in der Gruppe nicht abseitszustehen.

Einen Hoffnungsschimmer immerhin gibt es am Horizont: Geht es nach dem Willen des Europaparlaments, wird die EU demnächst die Regeln für Lebensmittelwerbung in Europa verschärfen und vor allem Kinderprodukte vor irreführender Werbung schützen. Hersteller sollen gesundheitsbezogene Werbeaussagen (»stärkt das Immunsystem«, »für gesündere Zähne« etc.) beantragen und wissenschaftlich beweisen müssen, bevor sie auf die Packung gedruckt oder in der Werbung verwendet werden dürfen. Noch ist das aber nicht Gesetz und wird mit den üblichen Übergangsfristen wohl noch Jahre dauern, bis sich die Auswirkungen in der Werbung und im Supermarkt bemerkbar machen.

Die Natur ist unschlagbar

Einen großartigen Werbespruch hat sich allerdings vor kurzem die Milchindustrie einfallen lassen: »Der älteste Energy Drink der Welt« entlarvt alle neueren so genannten Energy Drinks als hohle Werbeblasen, beruft sich auf die jahrtausendealten Erfahrungen der Evolution und ist schlichtweg wahr. In diesem Werbespruch steckt auch die Erkenntnis, dass kein Nahrungsmittelhersteller irgendein Produkt ernährungsphysiologisch besser herstellen kann, als es die Natur im Laufe von Jahrmillionen in ihrem riesigen Freilandexperiment entwickelt hat.

Am Baum oder Strauch gereifte Früchte schmecken deshalb am besten, weil es die Pflanze darauf angelegt hat, besser zu schmecken als andere, damit Tiere oder Menschen ihre Früchte essen und ihr bei der Samenverbreitung helfen. Milch ist deshalb so wertvoll, weil sie neugeborenen Tieren restlos alles liefern muss, was sie zum Wachstum und zur Entwicklung brauchen, bis sie groß genug sind, um andere Nahrung fressen können. Ebenso ausgestattet sind Eier, die quasi die Milch für Küken darstellen. In der Entwicklung der Menschheit haben wir gelernt, süße Früchte zu mögen, weil sie viel Energie liefern, und fettes Fleisch aus denselben Gründen. Erst hier spielt uns die Natur nun einen Streich, weil wir immer noch eine Vorliebe dafür haben, was wir inzwischen im Überfluss bekommen und was uns deshalb leider schadet. Deshalb muss seinen Verstand einschalten, wer sich selbst und seine Kinder gesund ernähren will.

Die Zusätzemischer der Industrie

Naturprodukte sind Industrieprodukten grundsätzlich vorzuziehen, denn kein noch so gewiefter Zusätzemischer bringt die ideale Kombination aus Ballast- und Nährstoffen, Vitaminen, Mineralstoffen, Spurenelementen und sekundären Pflanzenstoffen zusammen, wie sie die Natur in all ihrer Vielfalt liefert. Ein Apfel ist eben mehr als ein paar Ballaststoffe, Zucker und Vitamin C. Im Supermarkt finden sich Tütensuppen, die als »mediterrane Gemüsesuppe« firmieren, »plus Vitamin C«. Doch in einer selbst bereiteten mediterranen Gemüsesuppe steckt so viel Vitamin C, dass man es nicht extra zusetzen muss, und dazu eine ungezählte Menge an weiteren wertvollen Inhaltsstoffen.

Die Lebensmittelindustrie imitiert die Natur allzu oft nur mit künstlichen oder »naturidentischen« Aromastoffen. Manches Produkt gibt vor, ein Erdbeerjoghurt zu sein, und ist doch nur ein Joghurt mit Zucker und Erdbeeraroma. Besonders im Niedrigpreissektor finden sich viele solcher Beispiele.

Eine Ernährung mit so vielen natürlichen Produkten wie möglich ist daher grundsätzlich gesünder als eine Ernährung mit Fertigprodukten, und wenn sie noch so viele gesunde Zusätze enthalten.

Mahlzeit!

Kinder werden in der Regel nicht bei den Mahlzeiten dick, sondern bei den Zwischenmahlzeiten. Die meisten dicken Kinder würden, wenn sie nur noch das essen würden, was zu den Mahlzeiten auf den Tisch kommt, schnell an Gewicht verlieren. Eine Ausnahme stellen höchstens Familien dar, in denen extrem ungesund gegessen wird, in denen es zu wenige richtige Mahlzeiten und zu viel Junkfood gibt, zu viel Pizza und Fertiggerichte und selten selbst Gekochtes. Dort kann ein Kind auch ohne Zwischenmahlzeiten dick werden, weil es an den wichtigen Nährstoffen unterernährt ist, deshalb ständig Hunger hat und wiederum nur Ungesundes und Nährstoffarmes zu essen bekommt.

Wie viele Mahlzeiten soll es also geben und wie viele Zwischenmahlzeiten sind sinnvoll? Lange Zeit hieß es »besser fünf kleine Mahlzeiten als drei große«. Diese Maxime ist inzwischen wieder etwas ins Wanken geraten, seit man festgestellt hat, dass auch Pausen, in denen der Körper gar keine Energie zugeführt bekommt, wichtig für den Stoffwechsel sind. Diese Ruhephasen können durchaus einmal vier Stunden betragen, was für eine Rückkehr zu drei größeren Mahlzeiten spricht. Dennoch sind die Argumente für mehrere kleinere Mahlzeiten am Tag nach wie vor gültig: Sie belasten den Magen weniger und sorgen für eine gleichmäßigere Energiezufuhr. Sie beugen Hunger vor und damit der Gefahr, sich zu viel in den Mund zu stopfen.

Wichtig ist für die Gesundheit, dass Kinder regelmäßig essen, und auch, dass sie regelmäßige Essenspausen von ausreichender Länge machen.

Gemeinsam schmeckt es besser: Für Kinder ist aber auch wichtig, dass regelmäßig gegessen wird und dass es ausreichende Pausen zwischen den Mahlzeiten gibt.

Drei Hauptmahlzeiten und zwei kleine Zwischenmahlzeiten haben sich für Kinder ab dem Kindergartenalter als ein vernünftiges Maß erwiesen.

Denkfutter

Ein nahrhaftes Frühstück ist vor allem für Schulkinder ganz wichtig, die am Vormittag viel leisten müssen und dazu nicht Zucker brauchen, sondern wertvolle Eiweiße und Kohlenhydrate sowie möglichst auch einen Vitaminschub. Denn nach der Nachtruhe sind die Energiespeicher erst einmal leer, und gerade das Gehirn braucht, wenn es gut arbeiten soll, viel Energie. Diese Denkenergie muss nach und nach verfügbar werden, was bei einem gesunden Frühstück auch geschieht. Ein Frühstück, basierend auf viel Zucker, liefert hingegen einmalig eine Riesenmenge Zucker, die der Körper in so kurzer Zeit gar nicht verwerten kann. Er schaufelt den überschüssigen Zucker also schnell in die Fettzellen und fordert dann neue Energie ein. Nach der ersten Stunde meldet sich schon der Hunger; und das Gehirn, das ja eigentlich arbeiten soll, wird müde und der Schüler unkonzentriert.

Essen in Etappen

Die Zwischenmahlzeit, also das Pausenbrot, sollte nur leicht sein, damit es den Kindern nicht zu schwer im Magen liegt und sie allzu müde macht. Mittags darf es dann wieder eine große Hauptmahlzeit geben, denn danach kann das Kind erst einmal eine Konzentrationspause einlegen und sich entspannen, bis sein Biorhythmus wieder so weit oben ist, dass es sinnvoll ist, mit der Nachmittagsarbeit zu beginnen.

Nachmittags sollte eine Nahrungspause eingelegt werden, in der die Kinder auch und vor allem keine Süßigkeiten essen, sodass ihr Zuckerspiegel sich normalisieren kann und der Körper Gelegenheit bekommt, die Mittagsmahlzeit vollständig zu verdauen. Wer es nicht schafft, bekommt einen Obstteller, ein Glas Milch oder etwas rohes Gemüse zum Knabbern.

Die Abendmahlzeit sollte dann nicht zu spät folgen. Bewährt hat sich 18 Uhr bei kleineren bis 19 Uhr bei größeren Kindern. Später sollte die Familie beim üblichen mitteleuropäischen Lebensrhythmus nicht zu Abend essen. Danach ist eigentlich Schluss mit Essen. Knabbersachen am Abend sind die Ausnahme, nicht die Regel!

Hunger!

Mittlerweile weiß man, dass Heißhungerattacken vor allem durch zu viel Zucker entstehen. Er lässt den Insulinspiegel heftig schwanken und erzeugt damit mehr Hungergefühle, als dem Energiebedarf entspricht. Kinder, die viel Süßes essen, haben deshalb ständig Hunger und können ihrem eigenen Körper als Hungerregulator nicht mehr trauen. Erst ein Zuckerentzug bringt ihren Stoffwechsel zurück ins normale Gleichgewicht, sodass ihr Hunger dem Körper wieder das sagt, was er eigentlich bedeutet: Ich brauche Energie.

Die meisten Erwachsenen kennen das Phänomen: Wenn sie abends eine große Mahlzeit gegessen haben, deren Nährstoffgehalt für den nächsten Tag fast noch mit reichen würde, wachen sie am nächsten Morgen auf und sind nicht etwa noch satt vom Abend, sondern verspüren einen außergewöhnlichen Hunger. Das kommt daher, weil der Magen zum einen stark gedehnt wurde, jetzt leer ist und den Unterschied zu vorher als großen Hunger meldet. Zum anderen beinhaltet ein großes Essen auch viele Kohlenhydrate und damit viel Zucker für den Körper, der Blutzuckerspiegel schlägt heftig nach oben aus, der Körper produziert viel Insulin, um den ganzen Blutzucker in die Zellen zu schleusen, anschließend fällt der Insulinspiegel stark ab und meldet: Hunger!

Dem eigenen Hunger ist bei einer gesunden Ernährungsweise also nicht immer zu trauen, und er muss keineswegs sofort gestillt werden. Auch Kinder dürfen einmal eine halbe Stunde oder eine Stunde lang Hunger haben, ohne dadurch in Gefahr zu geraten – je größer, desto länger. Eltern sollten sich also nicht unter Zeitdruck setzen lassen, nur weil Kinder Hunger vermelden. Vielleicht haben sie nur zu viel Süßes gegessen.

Zuckerfallen umgehen Lisa, 17 Jahre

Lisa mochte es am liebsten süß und fett, insbesondere Schokolade gehörte zu ihren Lieblingsspeisen. Wenn sie der Heißhunger überfiel, konnte sie problemlos zwei Tafeln Schokolade verschlingen. Wenig später war der Hunger dann so groß wie vorher. Lisa wollte sich zwar eigentlich besser ernähren, doch Vollkornbrot, Obst und Gemüse ließ sie trotzdem stets unbeachtet. Erst das Punktesystem von Nicola Sautter hat ihr geholfen. Auf Schränke mit den ungesunden Dickmachern klebt sie rote Punkte, auf die mit den gesunden Lebensmitteln grüne. Jetzt isst Lisa viel mehr Obst als Schokolade.

Probier doch mal ...

... etwas aus, das du noch nicht kennst. Diesen Tipp sollten alle Eltern ihren wählerischen kleinen Essern geben, die immer nur Nudeln mit Tomatensauce verlangen. Manches schmeckt superlecker!

Kohlrabi

wurden früher oft weich gekocht und mit einer weißen Mehlsauce in der Hausmannskost zubereitet. Viel besser schmecken sie roh. Man schält sie und schneidet sie in Scheiben als Rohkost, mischt kleine Stifte in einen grünen Salat oder taucht Kohlrabistiftchen in einen leckeren Dip. Kohlrabi enthält viel Vitamin C (das meiste in den Blättern, von denen man die kleinen fein gehackt in den Salat gibt), Phosphor, Kalium, Magnesium, Jod und Kalzium. Je jünger die Kohlrabi, desto feiner schmecken sie.

Zucchini

stammen aus dem Mittelmeerraum, wachsen aber in warmen Gegenden auch bei uns im Garten. Man isst sie immer gründlich gewaschen mit der Schale. Sie enthalten viel Betacarotin, Vitamin C, Kalium, Kalzium und Phosphor. Die kleinen Zucchini schnippelt man in Nudelsaucen oder brät Scheiben in Olivenöl, aus den großen kocht man eine leichte Suppe.

Champignons

kennen die meisten nur von der Pizza oder aus der Jägersauce, wo meistens Dosenchampignons verwendet werden. Frische Champignons schmecken ganz anders als die aus der Dose. Sie verfeinern den grünen Salat, wenn man sie mit etwas Zitrone beträufelt. Champignons zählen zu den energieärmsten Gemüsesorten, enthalten aber relativ viel Eiweiß, Vitamin A und B-Vitamine sowie viele Ballaststoffe. Mit anderen Pilzen gemischt, geben sie leckere Pilzsaucen. Oder man legt frische Scheiben wie bekannt auf die Pizza.

Lauch

mögen die meisten Kinder erst einmal weniger. Für Kinder muss man Lauch »verstecken«, z. B. in einem Lauchkuchen (Quiche lorraine), mit anderen Gemüsesorten in einer Gemüsepfanne oder anstelle von Zwiebeln in der Nudelsauce. Lauch sollte man immer im Ganzen kaufen, nicht längs halbiert, wie oft in Suppengrün. Dann nämlich verliert er Vitamine, zum Beispiel Vitamin C. Außerdem enthält er das seltene Vitamin B1, Eisen, Magnesium und Kalzium.

Mango

Sie ist ein Exot und schmeckt sehr aromatisch und sehr süß. Sie hat nur wenig Säure und ist deswegen bei Kindern beliebt. Sie liefert mehr Betacarotin als alle einheimischen Obstsorten und mehr Vitamin C als Zitronen. Außer in süßen Gerichten und Milchshakes lassen sich mit Mangofrüchten auch viele exotische Saucen verfeinern, zum Beispiel zu Hühnchenfleisch oder Currygerichten. Als Chutney (ein süßsaures Kompott) hält sie sich monatelang.

Himbeeren

müssen frisch sein oder frisch eingefroren, denn sie schimmeln leicht und sind dann ungenießbar. Wie jedes Obst passen sie in Müsli und Obstsalat, doch eine einzigartige Delikatesse sind heiße Himbeeren (auch aus tiefgekühlten Früchten prima) zu Vanilleeis. Püriert ergeben sie einen leckeren Milchshake. Gesund sind sie sowieso: durch Kalium, Kalzium und viele Vitamine.

Feigen

gibt es nicht nur getrocknet im Winter, sondern auch frisch. Sie sind süß, vitamin- und mineralstoffreich und schmecken am besten frisch aus der Hand (ohne Schale). Sie bereichern das Frühstücksmüsli oder einen Obstsalat und sind lecker mit Quark oder Joghurt. Tipp: Probieren Sie eine vor dem Kauf, denn nicht alle sind frisch und gut.

Pflaumen

sind verwandt mit den kleineren einheimischen Zwetschgen und den gelben Reineclauden sowie mit den Mirabellen. Sie schmecken am besten frisch vom Baum oder vom Markt. Zwetschgen sind ideale Kuchenfrüchte, sie lassen sich prima mitbacken. Aber auch im Müsli, im Obstsalat oder zu Mus gekocht schmecken sie gut. Gesund sind sie auch: Vitamin C, B-Vitamine, Carotin und Eisen sorgen dafür.

Mit dem Überangebot umgehen lernen

Katharina ging in die 8. Klasse der Realschule. Sie war eine gute Schülerin, wenn auch in letzter Zeit etwas lernfaul und aufsässig. Die Pubertät, stöhnten die Eltern, die um eine gute mittlere Reife besorgt waren, denn Katharina wollte gerne Kinderkrankenschwester werden, da brauchte sie gute Noten. Andere Sorgen machten sich die Eltern nicht, auch wenn die Tochter zunehmend pummelig wurde. Das verwächst sich schon noch, beruhigten sie ihr Gewissen, wenn nur erst diese schreckliche Pubertät vorbei ist.

Frühstücken mochte Katharina seit Längerem nicht mehr. Sie rührte morgens lediglich einen Löffel Teegranulat in ein Glas Wasser, trank es im Stehen und verschwand dann, ohne das angebotene Pausenbrot eingepackt zu haben. Die Mutter aß es später kopfschüttelnd selbst. Zu Beginn der zweiten Stunde bekam Katharina einen Bärenhunger. Gottlob war gerade Deutsch dran, die Lehrerin ließ ihre Schüler mehr oder weniger machen, was sie wollten, auch essen. Katharina packte einen Schokoriegel aus und verschlang ihn mit zwei Bissen. Danach hatte sie immer noch Hunger, und so schlich sie in der kleinen Pause zum Automaten im Erdgeschoss und zog noch einen Riegel, denn der Hausmeister öffnete seinen Stand erst zur großen Pause.

Als es kurz nach 10 Uhr endlich zur Pause läutete, hatte Katharina ihre Sachen schon weggepackt und 2 Euro abgezählt. 1 Euro und 20 Cent kostete das Brötchen mit Leberkäse, 80 Cent die Cola. Sie war eine der Ersten beim großen Ansturm am Pausenstand und musste nicht lange warten.

Nach Schulschluss knurrte Katharina derart der Magen, dass sie es nicht bis nach Hause schaffte. Unterwegs kaufte sie sich ein Pizzastück, das stillte den ärgsten Hunger und war nicht so teuer. Zum Mittagessen gab es dann dummerweise auch Pizza. Ohne lange zu zögern, aß sie noch eine mit, ließ den Salat stehen und zog sich in ihr Zimmer zurück.

Die Hausaufgaben waren mal wieder derart lästig, dass sie nicht ohne fünf Schokobonbons auskam, um den Frust zu überwinden. Um 4 Uhr trafen sich die Freundinnen dann zum Shoppen. Eine Stunde lang zogen sie durch die Läden, probierten dies und das, kicherten über tantenhafte Röcke, billigen Modeschmuck und fanden diese Glitzertäschchen so süß, dass Laura überlegte, ob sie noch genug Geld hätte, eines davon zu erstehen. »Erst mal zum Döner«, schlug eine vor, deren Spaß am Anprobieren sich in Grenzen hielt, weil es nicht alles in den großen Größen gab. Eigentlich hatte Katharina keinen Hunger, die zwei Pizzen lagen ihr noch im Magen, aber sie ging mit und aß auch einen Döner, der Gemeinschaft wegen.

Ohne etwas gekauft zu haben, kehrte sie abends um 7 Uhr nach Hause zurück. Es war Abendessenszeit, und ihre Mutter hatte einen großen Topf Gemüsesuppe gekocht. »Was'n das für'n Zeug«, maulte Katharina. Ihr war immer noch übel nach dem Döner, sie konnte nichts essen. Nur von dem Stangenbrot aß sie ein Stück, und ihren Lieblingsnachtisch konnte sie einfach nicht stehen lassen: Karamellpudding liebte sie über alles.

Eltern gefragt

Kinder und Jugendliche sind nur sehr selten alleine in der Lage, den ständigen Verheißungen zu widerstehen. Sie leben nun einmal in einer Welt voller Werbung und Überfluss. Deswegen ist es vor allem für die Eltern übergewichtiger Kinder wichtig, dass sie einen vernünftigen Umgang mit dem allgegenwärtigen Angebot pflegen und nicht selbst den Be-

Am besten selbst gemacht: Eine frische Gemüsepfanne ist gesund, geht schnell und schmeckt viel besser als ein pappiges Pizzastück vom Straßenstand – und ist meistens auch billiger.

quemlichkeitsverlockungen erliegen. Mit Fertigpizza zum Mittagessen und Fertigpudding zum Dessert tun sie weder sich selbst noch ihren Kindern einen Gefallen. Andererseits bedarf es schon fast übermenschlicher Kräfte, all dem Fastfood und Fertigfood komplett entsagen zu können. Also geht es nicht um ein Totalverbot, sondern um ein vernünftiges Maß, mit dem man sich das eine oder andere durchaus gönnen kann.

Vorräte knapp halten

Die wichtigste Regel für Eltern von Naschkatzen und allzu guten Futterverwertern heißt: Kinder dürfen zu Hause nicht immer und einfach an die begehrten Snacks herankommen. Das häusliche Angebot an Süßigkeiten, Keksen und Kuchen sollte so knapp wie möglich gehalten werden. In einigen Familien gibt es einen Süßigkeitenschrank oder eine Schublade, in der Schokolade, Kekse, Nüsse und Knabbersachen aufbewahrt werden. Beim Wocheneinkauf wird dort wieder kräftig aufgefüllt. Die Supermarktketten preisen in jedem Wochenprospekt Sonderangebote auch für Süßes an, meistens sind die Familienpackungen besonders günstig. Da greift man dann gerne zu.

Am besten für Familien mit Gewichtsproblemen wäre es jedoch, diese Schränke ganz zu leeren und nichts davon mehr vorrätig zu halten. Dann kommen Kinder erst gar nicht auf die Idee, ihre Lust auf Süßes oder Salziges dort zwischendurch zu befriedigen. Gelegenheit macht Diebe, und Gelegenheit macht Nascher. Je seltener die Möglichkeiten, desto weniger Naschereien verzehren die Kinder. Manchen Eltern mag es schwerfallen, überhaupt keine derartigen Vorräte mehr zu halten, weil sie selbst gerne abends naschen. Den dicken Kindern wird dann mitunter erklärt, es handle sich um »verbotene« Schubladen, von dort dürften sie nichts nehmen. Das ist freilich eine ungerechte Quälerei, denn wie sollen Kinder verstehen, warum für sie verboten ist, was sich die Eltern selbstverständlich gönnen.

Besser ist es dann, die einschlägigen Schubladen nicht mehr vollzufüllen, sondern nur noch eine Packung Kekse, nur noch eine Tafel Schokolade oder nur noch eine Tüte Salzgebäck hineinzulegen. Die kann es zu besonderen Gelegenheiten gerne für die ganze Familie geben. Dann freuen sich alle darauf, die Familie hat ein kleines Gemeinschaftserlebnis, und die süßen Sachen bekommen den Status, der ihnen gebührt: Sie sind etwas Besonderes geworden und keine alltägliche Nebensächlichkeit mehr.

Umgang mit Süßem lernen

Kinder werden es verstehen oder zumindest akzeptieren, dass diese Schublade für eine gewisse Zeit leer bleiben muss, und zwar für jene Zeit, in der die Familie versucht, ihre Essgewohnheiten umzustellen, und die Eltern ihren Kindern beim Abnehmen helfen. Nach einigen Monaten, wenn sich die neue Esskultur in der Familie durchgesetzt und etabliert hat, kann die Schublade ruhig wieder ein wenig voller werden. Dann ist in der Regel auch die Versuchung nicht mehr so groß, weil sich Heißhungerattacken auf Süßes dank einer besseren, ausgewogeneren Ernährung erübrigt haben.

Für Familien, die nicht ganz auf süße und salzige Vorräte verzichten wollen, ist es hilfreich, wenn bestimmte Regeln aufgestellt werden, die festlegen, was erlaubt ist und was nicht. Zwar sind auch Regeln, die nur für die Kinder gelten, sinnvoll, doch wenn sie auch für die Eltern sind, ist es leichter, sie gegenüber den Kindern durchzusetzen.

Solche Regeln könnten etwa lauten, dass nur noch einmal am Tag oder sogar nur einmal in der Woche Süßes erlaubt ist – in vernünftigen Mengen. Man einigt sich z. B. darauf, eine Tafel Schokolade zu dritt zu essen, oder einen kleinen Schokoriegel pro Kind. Älteren Kindern kann man auch eine Wochenration zuteilen, die sie sich dann selbst einteilen können, so wie beim Taschengeld. Bei der Mengenberechnung der Wochenration sollten die Eltern auch mit bedenken, dass sich Kinder zusätzlich Süßes von ihrem Taschengeld kaufen können. Die Menge der erlaubten Leckereien zu Hause sollte also kleiner sein als das, was das Kind während der Woche insgesamt an Süßem essen darf.

Mindestens eine Stunde vor den Mahlzeiten sollten Süßigkeiten generell nicht mehr gegessen werden, wenn das Mittag- oder Abendessen anschließend auch verzehrt werden soll. Hungrige Kinder essen mehr Süßes als satte Kinder. Den Naschereien standzuhalten, fällt daher nach dem Essen viel leichter als vorher. Wenn Kinder vor der Mahlzeit Hunger haben, dürfen sie stattdessen noch ein Stück Obst essen oder ein paar Löffel Joghurt.

Unbedingt in den Plan eingeweiht werden müssen auch alle Omas, Tanten und andere liebe Menschen, die den Kindern eine Freude machen möchten, wenn sie zu Besuch kommen oder wenn die Kinder sie besuchen. Denn es wäre schade, wenn die Eltern die neuen Regeln mit viel Mühe einführen, und wenn dann die nichts ahnende Großmutter den Erfolg ganz unabsichtlich zunichtemacht. Sie wird den Kindern ebenso gerne Gutscheine fürs Kino mitbringen, ein Comic-Heft oder einen Zuschuss zum Taschengeld.

Chipsberge abbauen

Die gleichen Tipps gelten für fast alle salzigen Leckereien, denn sie liefern ebenso Energie in Übermengen wie die süßen Sachen. Die Frage »Kann ich noch eine Tüte Chips aufmachen, ich habe heute meine Portion Schokolade schon gegessen?« muss daher leider verneint werden. Am einfachsten ist es, Süßes und Salziges in einen Extratopf zu werfen, für den gemeinsame Regeln gelten.

Im Supermarkt kaufen Eltern manchmal große Tüten, weil sie ihnen preiswerter erscheinen als kleine. Die große Tüte kostet oft deutlich weniger als zwei kleine. Insofern ist die große tatsächlich günstiger. Doch wer so einkauft, macht damit leider eine Milchmädchenrechnung auf, denn die große Tüte ist an einem Abend üblicherweise genauso leer wie die kleine. Kinder bemessen die Menge an Salzgebäck in Verpackungseinheiten. Wenn sie eine Tüte Chips öffnen, essen sie sie meistens leer, alleine oder zu mehreren. Große Tüten oder gar Eimer zu kaufen, wie sie in Sonderaktionen angeboten werden, führt deswegen nur zu mehr Konsum bei den Kindern. Würde jeden Tag eine Tüte geöffnet, bräuchte die Familie insgesamt sieben große Tüten pro Woche, und die sind sehr wohl teurer als die sieben kleinen, die völlig ausgereicht hätten.

Fatal ist der allabendliche automatische Doppelgriff: Fernseher an, Salzgebäck raus. Diese Gewohnheit gibt es in sehr vielen Familien, auch in solchen ohne dicke Kinder. Dennoch ist sie problematisch, wenn Übergewicht eine Rolle spielt. An Flips und Chips hängt eine Menge Fett. Und wenn sie kurz vor dem Schlafengehen gegessen werden, wandert das Fett besonders leicht und schnell auf die Hüften, nämlich in der Nacht. Was also tun?

Die Schatztruhe Vicky und Franzi, 6 Jahre

Die Zwillinge Vicky und Franzi waren echte Schleckermäuler. Da die Eltern ihnen keinen Wunsch abschlagen konnten, überhäuften sie die Mädchen so unbedacht mit Naschereien, dass den beiden sogar schon einige Zähne gezogen werden mussten, die von Karies befallen waren. Dann hat Nicola Sautter der Familie ein absolutes Süßigkeitenverbot verordnet. Jetzt werden Kekse, Schokolade oder Bonbons gesammelt und in einer Schatztruhe weggesperrt. Vicky und Franzi dürfen als »Gesundheitspolizisten« darüber wachen. Gemeinsam ist es schließlich leichter, sich an das Verbot zu halten.

Dips und Sticks statt Chips

Den meisten Menschen fällt es unsäglich schwer, schlechte Angewohnheiten loszuwerden. Aber ein paar wenige schaffen es doch und sind selbst hinterher verblüfft, dass es gar nicht so schlimm war. Es gibt anscheinend Menschen, die so etwas fertigbringen, und vielleicht gehört man selbst auch dazu, ohne es zu wissen? Ausprobieren lohnt sich also. Kinder und Partner mögen wegen der ungewohnten Mangellage zunächst meckern, jedoch schnell einsehen, dass Beschwerden keinen Sinn haben, denn es ist einfach nichts mehr da.

Den meisten wird ein solcher Glücksfall aber wohl nicht begegnen. Da besiegt die eigene Lust auf Knabbereien am Abend die Vernunft, oder das Gejammere der Familie ist derart nervtötend, dass irgendetwas auf den Tisch muss. In diesem Fall könnte man über Alternativen nachdenken. Ein paar Möhrenstifte und andere Gemüsesticks mit einem Quark-Dip werden zwar zunächst Misstrauen hervorrufen, den meisten Kindern aber letztlich sehr gut schmecken. Wer es nicht ganz so radikal mag, kann auch Salzstangen statt Gemüse anbieten, die mit einem Frischkäse-Dip ebenfalls sehr lecker sind und fast kein Fett enthalten. Oder die italienischen dünnen Grissini, in leichten Hüttenkäse gedippt. Der besseren Alternativen zu fettfrittierten Chips und Maiskreationen gibt es so viele, dass man mindestens einen Monat lang ausprobieren kann.

Zu den süßsauren und scharfen Fertig-Dips, die man im Supermarkt gleich neben den Tortilla-Chips findet, greift man dagegen am besten gar nicht mehr. Sie enthalten nämlich eine Menge Zucker und Geschmacksverstärker und sind hoffnungslos überwürzt, sodass sie auf die Dauer den Geschmack völlig ruinieren.

Eine süße und gesunde Zwischenmahlzeit: Obst.

Eine gute Alternative zu den Chips mit Fertig-Dips am Abend sind Käsewürfel mit Trauben oder Nüsse, die zwar nicht gerade energiearm, aber wenigstens gesund sind und nicht nur Fett und Kohlenhydrate, sondern auch Eiweiß und viele Mineralstoffe und Spurenelemente enthalten.

Was immer zum Fernsehen auf den Tisch gestellt wird: Es sollte so spät wie möglich geschehen und in möglichst kleinen Portionen. Es muss nicht immer gleich mit Beginn des Sonntagabendkrimis die ganze Palette auf den Fernsehtisch kommen. Wenn vorbereitete Snacks in der Küche stehen, die man sich bei Bedarf holen kann, reicht das völlig aus. Und es sollten keine großen Mengen sein, damit niemand anfängt, sich das Angebotene ständig und wahllos in den Mund zu stecken.

Wasser statt Limo

Dasselbe gilt im Prinzip auch für Getränke. Beim Mittag- und Abendessen sollten Kinder nur Wasser bekommen, denn alles Süße verdirbt den Geschmack der Gerichte. Ob es ein Wasser mit Kohlensäure oder einfach Leitungswasser sein soll, ist nur eine Frage der Vorlieben und des Geldbeutels. Leitungswasser ist fast überall in Deutschland sehr gut und konkurrenzlos billig.

Cocktails von und für Kids

Zwischen den Mahlzeiten darf es dann schon einmal ein Getränk mit stärkerem Eigengeschmack sein: Kinder aller Altersstufen haben einen Heidenspaß daran, sich selbst aus allen möglichen Zutaten ihre eigenen Cocktail-Kreationen zu mischen. Die Basis kann z. B. ein kalter Tee sein. Früchte- und Kräutertees werden in unzähligen Varianten angeboten. Da findet sich sicher etwas, das den eigenen Kindern schmeckt. Zum Dazumixen eignet sich frisch gepresster Zitronensaft oder Orangensaft, oder ein Schluck fertiger Fruchtsaft (aber möglichst keine Fruchtsaftgetränke, die verwässern den Drink und machen ihn unnötig süß).

Wer einen Garten oder einen Balkon hat, kann im Frühjahr für wenige Cent ein Stöckchen Pfefferminze im Gartenmarkt kaufen und in einen Topf pflanzen (besser nicht ins Blumenbeet, weil Pfefferminze wie Unkraut wuchert) und davon hin und wieder ein paar frische Blätter in den selbst gemischten Cocktail geben, das schmeckt sehr frisch und gibt der Mischung eine ganz besondere Note.

Wenn ein Kind seine Lieblingsmischung gefunden hat, kann man jeden Morgen einen Krug davon ansetzen, von dem es immer wieder ein Glas nehmen kann, ohne ständig neu mixen zu müssen.

Praktisch ist auch, am Morgen eine große Kanne Tee für die Kinder zu kochen, der dann kalt werden kann und als Alternative zu Limonaden bereitsteht.

Zischende Zuckerbomben

Die süßen Fertiggetränke haben in allen Haushalten, in denen jemand abnehmen will oder soll, nichts mehr verloren, höchstens gelegentlich eine einzelne Flasche als besondere Leckerei. An all den vielen Metern voller Kästen mit bunten Limos und Fruchtsaftgetränken im Supermarkt muss leider

achtlos vorbeigehen, wessen Kinder mit Gewichtsproblemen kämpfen. Dabei spielt es keine Rolle, was auf der Flasche steht: ob Cola oder Mischungen davon, ob gelbe oder orangefarbene Fruchtlimos oder fertig gemischte Apfelsaftschorle.

Keine Sorge, gegen eine Apfelsaftschorle oder eine andere Fruchtsaftschorle hin und wieder ist gar nichts einzuwenden. Um aber sicherzugehen, dass darin nicht eine Menge Zucker versteckt ist, und weil es außerdem viel preiswerter ist, kauft man besser einen guten Apfelsaft und mischt ihn selbst mit Mineralwasser. Das schmeckt besser als die Apfelschorle aus der Flasche und kann je nach Geschmack und Jahreszeit im Mischungsverhältnis variiert werden. Im Sommer, wenn die Kinder sehr durstig sind, verwendet man mehr Mineralwasser, im Winter etwas mehr Saft.

So kann eine neue Auswahl an Getränkevorräten den Kindern helfen, dem Überangebot an süßen Limos besser zu widerstehen. Wenn sie zu Hause nur noch gesunde Getränke bekommen und höchstens hin und wieder als bewusste kleine Sünde eine Flasche Cola oder Limo trinken, dann dürfen sie außer Haus auch ruhig mal zu einer Limo greifen.

Und noch ein Tipp für Eltern von Schulkindern: Geben Sie Ihrem Kind genug zu trinken mit für die Schule, mindestens ein halber Liter Wasser oder ungesüßter kalter Tee sollte es sein. Dann ist es auch nicht auf die in der Regel ungesunden Angebote am Pausenstand angewiesen.

Dann kaufe ich es mir eben selber

Für Schüler ohne Pausenbrot gibt es in allen weiterführenden Schulen den Pausenverkauf. Nur ausnahmsweise und in wenigen Schulen führt ein solcher Stand Obst oder Milchgetränke. Die früher obligatorische Schulmilch ist schon lange von der Kiosktheke verschwunden. Brezeln und Brötchen sind mitunter noch das Gesündeste, das dort angeboten wird, ansonsten haben die Kinder nur die Wahl zwischen ungesund und sehr ungesund.

Hotdogs in der Schulpause

Einzelne Schulen haben den Missstand inzwischen erkannt und gemeinsam mit den Elternbeiräten Alternativen erarbeitet. Derjenige, dessen Kind auf eine solche Schule geht, kann sich diesbezüglich glücklich schätzen. Der Alltag an deutschen Schulen ist jedoch eher trübe: Hotdogs und Wurstbrötchen sollen den Pausenhunger stillen, daneben gibt es Donuts, Muffins und massenhaft süße Riegel – alles Nahrungsmittel, die ein schlankes Kind selten essen sollte und ein übergewichtiges noch seltener.

Bei einem solchen Angebot ist es keine gute Idee, Kindern Geld mit in die Schule zu geben, damit sie sich etwas zu essen kaufen. Wenn sie dagegen kein Geld mitbekommen und ihr Taschengeld ausgeben müssen, werden sie eher darüber nachdenken, ob sie es nicht lieber für etwas Besseres aufsparen und doch lieber das mitgegebene, scheinbar weniger attraktive Pausenbrot essen.

Kinder, die allzu viel Taschengeld bekommen, die daher weniger damit haushalten müssen, können sich natürlich von ihrem eigenen Geld ein Bröt-

» Wer zuletzt läuft ... Max, 7 Jahre

Max hatte einen Traum: Er wollte seine Freunde im Wettlauf besiegen! Einmal besser laufen können als die anderen, nicht immer keuchend als Letzter ankommen. Wir haben mit ihm trainiert. Nicht den Sprint, den konnte er mit seinem Gewicht nicht gewinnen. Aber Joggen, das konnte er üben. Max lernte, beim Laufen seine Kraft einzuteilen, und er bekam Ausdauer. Dann der große Tag: ein Dreitausendmeterlauf gegen seine Freunde. Am Anfang war Max der Letzte, aber Runde für Runde überholte er einen nach dem anderen. Ganz locker trabte er vorbei und war am Ende tatsächlich der große Sieger.

Die clevere Alternative für den Familienausflug: Ein Picknick ist ein Erlebnis für die Kinder und schont die Familienkasse. Nebenbei lässt sich viel Gesundes in die Kindermünder schmuggeln.

chen oder eine Nascherei am Pausenstand kaufen, ohne an anderer Stelle sparen zu müssen. Daher hilft es gerade dicken Kindern, wenn die Eltern ihr Taschengeld eher knapp bemessen.

Kein Taschengeld für den Schulweg

Bei Kindern zwischen der 5. und der 7. Klasse, bei denen die Eltern noch eine gute Kontrolle über den Inhalt des Schulranzens haben, können Sie auch darauf achten, dass das Taschengeld vormittags generell zu Hause bleibt. Wenn sie alles dabeihaben, um den Schultag gut zu überstehen, brauchen Schüler sich schließlich nichts extra zu kaufen, weder in der Pause noch nach Schulschluss.

Denn dann lauert schon die nächste Versuchung, auf dem Heimweg am Kiosk oder im Supermarkt, der am Weg liegt. Unter den Dutzenden von Kindern, die mittags gemeinsam unterwegs sind, findet sich bestimmt immer eines, das vorschlägt, man könne sich doch noch die eine oder andere Leckerei unterwegs kaufen. Zu Hause wundern sich dann die Eltern, warum das Kind keinen Hunger hat und das Mittagessen stehen lässt.

Wenn Sie darauf achten, dass das Kind kein Geld mit in die Schule nimmt, kommt es gar nicht in die Verlegenheit, dem Herdentrieb zu folgen und ebenfalls nach der Schule einzukaufen.

Belohnung statt Verzicht

Mädchen gehen gerne shoppen. Sobald sie in die Pubertät kommen, schlendern sie in Grüppchen von einem Laden zum nächsten, probieren dies und das, kaufen nicht unbedingt etwas, aber genießen die Auswahl und das gemeinsame Schauen.

Für manche Mädchen gehört zum Shoppen auch der kurze Stopp im Fastfood-Restaurant. Irgendwann zwischen zwei Läden kommen sie an einem Burger-Brater oder an einem Dönerstand vorbei. Dort verdrücken sie dann, obwohl sie zu Mittag gegessen haben und obwohl sie wissen, dass es zu Hause ein Abendessen geben wird, ein großes Fladenbrot mit Fleisch und Joghurtsauce oder einen Doppelburger mit Pommes und Cola.

Das Motiv ist nicht Hunger, manchmal nicht einmal Appetit, sondern der Herdentrieb. Denn was die Freundinnen tun, muss selbstverständlich mitgemacht werden, will man nicht abseitsstehen, und wer will das schon? Starke Mädchen können versuchen, ihren Freundinnen Alternativen vorzuschlagen: Im Sommer ein Eis aus der Waffeltüte essen, im Winter eine Handvoll heißer Maroni, das verhilft zum Gemeinschaftserlebnis, ohne Hunderte von überflüssigen Kalorien mitzuliefern – vorausgesetzt, das Eis besteht aus ein bis zwei Kugeln und nicht aus einem Riesenbecher mit Sahne. Ganz starke Mädchen verzichten völlig auf die Geldausgabe fürs Essen und leisten sich nach wenigen solcher Einsparungen ein Top oder eine Bluse mehr. Das ist eine schöne Belohnung für den Verzicht, und die Freude daran währt wesentlich länger.

Kalorienschock beim Familienausflug

Sonntag ist Familienausflugstag, da geht es mit den Kindern hinaus, um gemeinsam etwas Schönes zu erleben: Das kann je nach Jahreszeit und Vorlieben ein Tag im Schnee, am Badesee oder beim Wandern sein; oder ein Besuch im Zoo oder im Vergnügungspark. Vieles davon ist eine kostspielige Angelegenheit, aber meistens nicht etwa, weil die Preise für Fahrt oder Eintritt so exorbitant hoch wären, sondern wegen der Preise für das Essen.

Je kommerzieller eine Freizeiteinrichtung angelegt ist, desto mehr Angebote zum Essen, Trinken und Naschen begegnen den Besuchern auf Schritt und Tritt. Stände mit Eis, Softdrinks oder gebrannten Mandeln sind zu umschiffen, Würstchen- und Frittenbuden, Crêpe-Bäckereien und Kuchentheken. Spätestens nach dem dritten Nein werden Eltern dann in der Regel schwach und kaufen ihren Kindern das eine oder andere Eis, eine Zuckerwatte oder kandierte Früchte.

Beim gemeinsamen Mittagessen am Imbissstand sollen es dann die größte Wurst und eine Extraportion Pommes mit Ketchup sein, jedenfalls wenn es nach den Kindern geht. Zieht sich der Nachmittag in die Länge und haben die Kinder keine Lust auf weitere Aktivitäten, versprechen die Eltern gerne einmal eine süße Belohnung.

Als krönenden Abschluss des Ausflugs nimmt der Familienvater die ganze Sippschaft mit ins Wirtshaus oder zum Italiener, wo es dann Knödel mit Sauce oder Pizza für die Kinder gibt.

Am Ende des Sonntags haben alle einen Zucker- und Fettschock und bräuchten eigentlich ein paar Tage Magerkost, um das alles wieder auszugleichen, was in die kleinen Mägen geflossen ist.

Picknick statt Imbiss

Solche Erlebnisse lassen sich mit ein wenig Planung sehr viel weniger anstrengend für Magen und Familienkasse gestalten, und zudem sehr viel schlankheitsfördernder.

Es beginnt mit der Auswahl des Ausflugsziels. Am geringsten ist das kommerzielle Snack-Angebot bei Ausflügen in der Natur. Wenn die Familie zum Wandern in die Berge, zum Radfahren abseits der Straßen oder zum Paddeln auf einen kleinen Fluss geht, ist der Abenteuerwert hoch und das teure Imbissangebot recht klein.

Man kann sich von zu Hause preiswerte und gesunde belegte Brote mitnehmen. Unterwegs lädt allenfalls eine Almhütte oder ein gezielt angesteuertes Ausflugslokal zum Essen ein. Eltern müssen weniger Anreizen widerstehen, Kinder quengeln seltener, Eltern sind weniger genervt, die Familie spart Geld, und die Kinder essen sich keinen Speck

GUTEN APPETIT Die wichtigsten Regeln beim Essen

Gemeinsame Mahlzeiten

Wann immer es möglich ist, sollte die Familie gemeinsam essen. Gemeinsame Mahlzeiten sollten festen Regeln folgen, auf die sich die Kinder verlassen können. Dazu gehören feste Essenszeiten, die von jedem möglichst eingehalten werden. Schöne Rituale sind ein Tischspruch oder ein Tischgebet; auf jeden Fall sollte man sich guten Appetit wünschen. Erst wenn alle etwas auf dem Teller haben, fängt man an zu essen. Am Ende bleiben alle sitzen, bis der Letzte seine Mahlzeit beendet hat.
Ein kleiner Dank erfreut jeden Koch und jede Köchin.

Basis-Tischmanieren

Essen soll Spaß machen, und zwar der ganzen Familie, nicht nur den Kindern. Einige Tischmanieren sollten die Kinder deshalb beherzigen: Ab dem Kindergartenalter benutzt man Besteck. Man sitzt ordentlich am Tisch, und wenn man etwas haben möchte, bittet man um das Gewünschte. Verboten sind schlingen, schlürfen, schmatzen und mit vollem Mund sprechen. Kleckern ist nicht so schlimm, das passiert auch den Großen.

Liebevoll decken

An einem schön gedeckten Tisch schmeckt das Essen doppelt so gut. Während der Woche genügt eine einfache Tafel, auf der Teller und Besteck, Gläser und Servietten bereitgestellt sind. Sonntags kann es etwas aufwendiger sein. Nach dem Essen sollte jedes Kind beim Abdecken helfen.

Keine Ablenkungen

Fernseher Handy oder Zeitung haben beim Essen nichts zu suchen. Die Aufmerksamkeit gehört dem Essen und natürlich den Gesprächen – für die hier Gelegenheit ist.

Öfter etwas Neues

Der Speiseplan sollte abwechslungsreich sein und möglichst oft Varianten von schon Bekanntem anbieten. Gemeinsam mit den Kindern kann man neue Gewürze oder verschiedene Saucenvarianten ausprobieren. Kinder dürfen Vorschläge für den Speiseplan der kommenden Woche machen. Doch im Hinblick auf eine gesunde Ernährung entscheiden letztlich die Eltern.

Meckern verboten

Was auf den Tisch kommt, sollten die Kinder mindestens probieren. Schmeckt es ihnen nicht, müssen sie es nicht essen. Am Essen herumzumäkeln ist hingegen verboten. Schließlich haben sich Koch oder Köchin Mühe und Arbeit gemacht, die von den Kindern respektiert werden sollten. Kleine Kinder bekommen Kinderportionen auf den Teller. Bei Bedarf gibt es einen Nachschlag. Größere dürfen sich selbst schöpfen. Sollte sich jemand zu viel auf den Teller geladen haben, muss er nicht aufessen.

Mitmachen in der Küche

Kinder sollten in der Küche mitmachen dürfen. Kleine Kinder dürfen rühren, größere Kinder Zutaten schneiden und würzen.

an. Stattdessen sind sie in Bewegung und an der frischen Luft, alles in allem also ein gesunder, entspannter und preiswerter Ausflug.

Leckereien begrenzen

Fällt die Wahl auf ein Ausflugsziel, von dem man vorher weiß, dass es mit einem großen Snackangebot lockt, hilft es, vorher zu besprechen, wie viele Süßigkeiten es höchstens gibt und was die Alternativen sind. Kennt man den Ort schon, hilft auch eine Verabredung, wo man einkehren möchte, was es dort zu essen gibt und was nicht. Oder man einigt sich darauf, nur einmal einzukehren, entweder mittags oder abends, und ansonsten ein mitgebrachtes Picknick zu verzehren.

Schließlich hilft bei etwas größeren Kindern auch eine vorher ausgemachte finanzielle Grenze. Wenn jedes Kind nur für einen bestimmten Betrag Schleckereien bekommt, kann es sich aussuchen, was es für diesen Betrag haben möchte und auf wie viele Portionen es das Geld verteilen möchte. Ist der Betrag ausgegeben, wissen die Kinder, dass sie nichts mehr bekommen, und quälen die Eltern (hoffentlich) nicht mehr mit weiteren Begehrlichkeiten.

Mit Fastfood richtig umgehen

Alle Fastfood-Ketten werben mit ihrem günstigen Angebot und versuchen gleichzeitig, sich nicht nur dem schnellen Esser zwischendurch anzubieten, sondern als »Restaurant« auch für Familien eine preiswertere Alternative zu Pizza-Restaurants und Niedrigpreisgastronomie zu bieten. Doch Vorsicht, auch die Fastfood-Ketten kochen nur mit Wasser und haben nichts zu verschenken. All die bunten Extraspielzeuge, die es zu den Kindermenüs gibt, müssen an anderer Stelle eingespart werden, sei es bei den Löhnen der Menschen an der Theke oder in der Küche, sei es beim Einkauf der Zutaten.

Gegen einen Burger ab und zu als Mahlzeit ist überhaupt nichts einzuwenden. Zahlreiche Kontrollen und Tests haben ergeben, dass die Zutaten meistens frisch sind und die Qualität in Ordnung ist. Ein Burger, bestehend aus Brötchen, Hackfleischbratling, Salatblatt und etwas Spezialsauce, ist für sich genommen nicht unbedingt ungesund. Außerdem bieten viele Ketten inzwischen auch Salate als Beilage an, die man nicht nur mit fettigem Dressing, sondern auch mit einer leichten Essig-Öl-Sauce bekommen kann. Auch Mineralwasser ist grundsätzlich im Angebot. Wer will, kann sich dort eine Mahlzeit zusammenstellen, an deren Gesundheitswert nichts auszusetzen ist.

Riesenportionen vermeiden

Das Problem liegt in der Schwäche der Kunden, hochwertig »Gäste« genannt, und in der Werbung. Auf den riesigen Bilderspeisekarten überbieten sich die Ketten gegenseitig mit noch größeren Riesenburgern. Bei manchen Sorten ist schon das Brötchen doppelt so groß wie gewöhnlich und also auch doppelt so reichlich gefüllt. Der Salatumsatz ist im Vergleich zur Pommes-Beilage bescheiden, und Mineralwasser trinkt nur selten ein Kunde. Außerdem werden als kleine fette Extras im Burger Schmelzkäse und gebratener Speck (Bacon) angeboten, die das Ganze noch leckerer machen, aber auch noch fetter. Die schnell gestellte Frage »Mit Käse und Bacon?« verneint kaum jemand. Und in den Saucen, im Ketchup und in den Salat-Dressings ist fast immer Zucker enthalten.

Gerade Kinder, die bei einem Besuch mit den Eltern die bunten Abbildungen sehen und alles haben möchten, brauchen deswegen kritische Eltern, die nicht jedes Extra erlauben. Größere Kinder brauchen Eltern, die ihnen die Zusammenhänge erklären und sie auf den nächsten Besuch im Fastfood-Restaurant mit Freunden vorbereiten.

Der Burger-Tag

Gelegentliche Besuche von Kindern auch mit Gewichtsproblemen schaden überhaupt nicht, vor allem, wenn sie dann ein Menü wählen, das in der

Größe ihrem Alter entspricht und das mindestens ein gesundes Element enthält (z. B. Mineralwasser als Getränk oder Salat als Beilage). Die Alternative ist, die kleinen oder großen Kinder einmal im Monat nach Herzenslust alles essen und trinken zu lassen, was sie sich wünschen, und an diesem Tag den Frischeanteil bei den übrigen Mahlzeiten zu erhöhen. Wer morgens Obst isst und abends eine leichte Mahlzeit, z.B. Fisch mit gedünstetem Gemüse, darf mittags auch einmal über die Stränge schlagen und richtig ungesundes Fastfood verdrücken.

Kleine Portionen für die Kleinen

Ein paar Tischsitten haben sich noch aus alten Zeiten erhalten, die damals sinnvoll waren, heute aber angesichts des Nahrungsüberangebots nur noch gut gemeint, aber nicht mehr hilfreich sind.

Die erste Unsitte ist, dass zu viel auf den Tisch kommt. Wenn die Portionen zu groß bemessen werden, bleiben Reste übrig, die dazu verleiten, mehr zu essen, als nötig wäre. Dagegen ist es normalerweise überhaupt kein Problem, wenn etwas weniger auf dem Tisch steht, als gegessen würde. Sind die Töpfe leer und hat noch jemand Hunger, gibt es ein kleines, leichtes Dessert. Ein Nachtisch, bestehend aus etwas Käse oder Obst, erhöht die Vielfalt und stellt eine größere Bereicherung dar als noch ein Nachschlag. Wichtig ist also, beim Einkaufen und beim Kochen die Mengen vorher zu überschlagen.

Die zweite Unsitte von Eltern ist, dass sie die Teller der Kinder überreich füllen. Kleinen Kindern im Vorschulalter sollte man immer nur sehr kleine Mengen auf den Teller geben, die sie auf jeden Fall aufessen können. Sind diese aufgegessen, gibt es bei Bedarf einen Nachschlag. So lernen die Kinder, sich selbst zu hinterfragen, ob sie noch Hunger haben oder nicht. Kinder jenseits des Kindergartenalters dürfen sich am Familientisch entweder selbst schöpfen oder entscheiden, wie groß die Portion sein soll, die sie haben möchten. Das schärft die Sinne für die richtigen Mengen beim Essen.

Stehenlassen erlaubt

Sollten sie sich doch einmal vergriffen und zu viel auf den Teller geladen haben, dürfen sie den Rest stehen lassen. Jeder verschätzt sich einmal bezüglich des eigenen Appetits, das passiert auch Erwachsenen. Zum Aufessen sollten Kinder nicht gezwungen werden, schon gar nicht, wenn sie zu dick sind. Sprüche wie »Iss deinen Teller leer, dann gibt es morgen schönes Wetter« gehören der Vergangenheit an und sind nicht mehr zeitgemäß.

Kinder sollten sich außerdem entscheiden dürfen, ob sie von allen angebotenen Speisen essen möchten oder nicht. Vielleicht hat Ihr Kind an einem Tag besonderen Appetit auf Fleisch und möchte keine Kartoffeln dazu, dann sollte es auch keine Kartoffeln essen müssen. Jeder hat seine Phasen, in denen er das eine oder andere gerne isst, die sollte ein Kind auch ausprobieren dürfen. Es kann sogar sein, dass hinter der gerade aktuellen Vorliebe eine bestimmte körperliche Situation steckt, die die Eltern nicht erkennen und die das Kind unbewusst über seine Nahrung reguliert. Möglicherweise wächst es gerade besonders stark, braucht viel Eiweiß und Kalzium und mag deshalb gerne Milch zu den Mahlzeiten. Dann sollte es sie auch bekommen.

Keine Regel ohne Ausnahme

Da dicke Kinder meist nicht durch die Mahlzeiten dick werden, sondern durch das, was sie zwischendurch essen, ist es hilfreich, ihnen zwischendurch nichts anzubieten. Wenn sie selbst etwas zu essen suchen, kann ein bunter Obstteller am Nachmittag über die Lücke hinweghelfen, und wenn das nicht reicht, ergänzt um ein paar Vollkornkekse oder Bitterschokolade. Es versteht sich, dass Mütter ihren übergewichtigen Kindern nachmittags keine Süßigkeiten anbieten sollten, auch keinen Pudding und keine süße Milchspeise. Ausnahmen zu besonderen Anlässen dürfen immer sein, denn was wäre ein Kindergeburtstag ohne Leckereien und was wäre die Vorweihnachtszeit ohne Plätzchenbäckerei.

AUF EINEN BLICK So teuer ist es wirklich!

Viele glauben, Fastfood sei preiswerter als selbst kochen. Irrtum! Ein Imbiss vom Straßenstand kostet meist das Doppelte von dem, was man für die gleiche Mahlzeit ausgeben muss, wenn sie selbst zubereitet ist. Außerdem weiß man bei Selbstgekochtem genau, was man isst. Und man kann darauf achten, dass möglichst fettarme Zutaten verwendet werden.

Fastfood

Selbst gemacht mit frischen Zutaten

Richtig einkaufen

Wocheneinkauf bei Familie Holzner. Mit Angebotsprospekt und Rieseneinkaufswagen bewaffnet, beginnt Mutter Holzner die wöchentliche Tour durch den Supermarkt. Die vierjährige Laura lässt sich im Einkaufswagen schieben, Max ist schon vorgelaufen zur Pizza-Truhe, um sich seine Lieblingspizzen auszusuchen, als Belohnung dafür, dass er endlich sein Zimmer aufgeräumt hat.

»Mama, krieg ich ein Eis?«, schreit die Kleine. »Nein, kein Eis, aber schau mal, da stehen die Joghurts aus dem Prospekt, die sind viel gesünder.« Und schon landen bunte Becher im Einkaufswagen: Joghurts mit Schokostückchen oder mit Käsekuchengeschmack, auch ein paar Erdbeerjoghurts, quietschrosa. Ernährungsphysiologisch betrachtet, hätte Laura auch ein Eis bekommen können, denn jeder von den süßen Joghurts enthält eine Menge Zucker. Und billig sind sie auch nicht. Dabei stehen nur einen Meter weiter weitaus günstigere Joghurts im Regal. Sie schmecken nach Joghurt und nicht nach Käsekuchen und kosten ein Viertel weniger.

Weiter geht es durch die langen Reihen der Tiefkühltruhen. Im Angebot sind Kartoffelpuffer und Chicken-Nuggets. Beides kommt in den Wagen. Außerdem kauft Mutter Holzner eine Großpackung mit zehn Schweineschnitzeln und Fischstäbchen für die Kinder, dazu Knödel, Kartoffelbrei und mehrere Tüten mit verschiedenen Saucen. Sie hat nicht die Zeit, stundenlang in der Küche zu stehen und Saucen selbst zu kochen. Praktisch für mittags sind Tütensuppen. Laura mag Buchstabensuppe, Max die weiße Spargelcremesuppe, das freut die Mutter, denn Spargel ist ja sehr gesund. Zusätzlich packt sie eine Gemüsesuppe ein. So bekommen die Kinder wenigstens ein paar Stückchen Gemüse.

Jetzt geht es zu den Spaghetti – »Mama, mit roter Sauce!« –, dann an den übrigen Nudeln und Reis vorbei zu den Frühstücksregalen. Max bekommt Schokoblubbs, die isst er mit Milch vor der Schule, Laura besteht auf einem großen 750-Gramm-Glas Schokoaufstrich, der ist gerade im Angebot.

In der Obstecke beruhigt Mutter ihr schlechtes Gewissen mit Äpfeln, Bananen und einer Schale Möhren. Vor der Kasse wartet Vater Holzner, der sich für die Getränke zuständig erklärt hatte. Max hat ihn noch zu einer Kiste gelber Limo und zu drei Riesenflaschen Cola überredet. Im Getränkewagen liegen außerdem fünf Tüten Chili-Chips, zwei Tüten Tortilla-Chips und ein Glas Dip.

In der Warteschlange an der Kasse bekommen die quengelnden Kinder noch Bonbons und Kinderschokoriegel »mit der Extraportion Milch«. Die Rechnung beträgt dann 85,30 Euro. »So viel schon wieder«, brummt der Vater, und Mutter wundert sich, warum die Familie vor ihnen für ihren Wocheneinkauf 20 Euro weniger bezahlt hat. Dabei hatten die viel weniger Angebotsartikel im Wagen und eine Menge Sachen, die sie gar nicht kennt und die bestimmt teuer sind.

Teure Bequemlichkeit

Gesunde Lebensmittel sind nämlich nicht teurer als ungesunde, im Gegenteil. Je stärker die Grundnahrungsmittel verarbeitet sind, desto mehr Arbeit steckt darin und desto teurer müssen sie sein. Fertiggerichte gleicher Qualität kosten also zwangsläufig mehr als die Zutaten, aus denen man das gleiche Gericht selbst zubereitet. Fertigpizza muss teurer sein als selbst gemachte, Fertigsauce ist teurer als selbst gemachte. Fischstäbchen sind teurer als eine vergleichbare Fischmenge. Ist das nicht der Fall, wurde an den Zutaten gespart, dann sind sie von schlechter Qualität. Selbstkochen spart also Geld oder die Gerichte enthalten bei gleichen Kosten die besseren Nährstoffe, daran ändern alle Sonderangebote nichts.

Äpfel im Herbst und Winter, Erdbeeren nur im Frühjahr, Gurken im Sommer und Feldsalat im Winter: Obst und Gemüse sollte man nur in seiner Saison einkaufen. Dann kostet es weniger, schmeckt besser und ist gesünder.

Außerdem sind Sonderangebote nicht immer günstiger als die regulären Angebote. Manchmal sind die großen Packungen auf dem Angebotstisch sogar teurer als die gleiche Menge desselben Nahrungsmittels nebenan im Regal, das dort immer und in kleineren Gebinden zu kaufen ist.

Ist ein Sonderangebot wirklich preiswerter als üblich, kann es trotzdem teurer sein als vergleichbare Produkte anderer Hersteller. Nachsehen ist bares Geld wert, vor allem in den unteren Etagen der Supermarktregale. Dort stehen in der Regel die preiswerten Marken, wogegen in Augenhöhe, wo jeder zuerst hingreift, die teuersten Artikel platziert werden. Anders bei Kinderprodukten: Da stehen die teuren Marken unten, und ganz oben, wo die Kleinen nicht hinkommen, die preiswerteren.

Discounter oder Bioladen

Familien, die gesünder kochen und essen wollen, meinen oft, sie müssten nun im Bioladen einkaufen, in dem alles viel teurer ist. Doch das ist ein Trugschluss. Für biologisch erzeugte Lebensmittel spricht zwar eine Menge, aber in der Tat ist eine solche Ernährung oft teurer und sie ist im Nährstoffgehalt der konventionellen nicht unbedingt überlegen.

Biolebensmittel sind allerdings umweltschonend hergestellt, ohne Pflanzenschutzmittel und Dünger, die Tiere bekommen weniger Medikamente und werden besser behandelt. Das Ergebnis sind pflanzliche Produkte, die keine Giftstoffe mehr enthalten, oft aber mehr Mineralstoffe und Vitamine, und Fleisch ohne Hormone und Antibiotika. Das schmeckt den meisten Menschen ohnehin besser

Es muss nicht immer ein weißes Brötchen sein. Viele Alternativen sind gesünder und machen länger satt.

als solches aus der Massentierhaltung. Insofern lohnt es sich, falls man es sich leisten kann, hin und wieder Biofleisch oder Biowurst zu kaufen und zu probieren, wie es in der Familie ankommt.

Selbst Supermärkte und Discounter führen mehr und mehr Bioprodukte, insbesondere in den Kühlregalen, bei Obst, Gemüse und bei Getreideprodukten – eine preiswerte Alternative zum kleinen Bioladen. Aber man muss darauf achten, dass auch tatsächlich »Bio« drin ist, wo »Bio« draufsteht. Dabei helfen Warenzeichen wie Demeter, Bioland und Naturland, die ein Lebensmittel als kontrolliert biologisch auszeichnen. Außerdem wurden in den letzten Jahren mehr und mehr Biosupermärkte eröffnet, in denen zu akzeptablen Preisen Bioprodukte aus kontrolliertem Anbau gehandelt werden.

Eines haben Lebensmitteltests jedoch ergeben: Frischer Salat aus konventionellem Anbau ist gesünder als ein welker Biosalat, bei dem viele Vitamine durch das Lagern verloren gegangen sind, vor allem das Vitamin C. Je schneller der Salat vom Acker auf den Tisch kommt, desto mehr Vitamine enthält er. Auch der Biomüsliriegel ist nicht automatisch besser als der herkömmliche Riegel. Snacks aus dem Bioladen enthalten zwar Bestandteile aus biologischem Anbau, aber auch sie können zu viel Zucker oder zu viel Fett enthalten.

Eine hervorragende Ergänzung zum Wocheneinkauf sind Wochenmärkte, wie sie in jeder Stadt regelmäßig stattfinden. Dort bieten meistens Händler aus der Region ihre Produkte an, die nicht so weit transportiert werden mussten und daher in der Regel sehr frisch und gesund sind.

Die anderen Regale

Jeder hat einen Supermarkt, in dem er gewöhnlich seine Haupteinkäufe tätigt. Aber wer kennt schon alle Artikel, die »sein« Supermarkt führt? Bei den Tausenden von Produkten, die große Märkte im Sortiment haben, ist es schwierig, den Überblick zu behalten. Daher kauft jeder bevorzugt Produkte, die er kennt und die sich in der Familie bewährt haben. Das spart Zeit. Neue Produkte probieren viele Menschen erst aus, wenn sie auf Sondertischen angeboten oder als Sonderangebot beworben werden.

Manche kennen sogar nur wenige Lieblingsregale im Supermarkt. Schlecht ernährte Menschen wissen häufig nur, wo sich die Pizza-Truhe, das Tütensuppenregal und die Fertiggerichte befinden. Das sind die bequemen Regale.

Wer sich und seine Familie besser ernähren und Abwechslung auf den Küchentisch bringen will, macht um diese am besten einen großen Bogen und geht auf Entdeckungsreise im Supermarkt.

In der Tiefkühlabteilung gibt es eine Menge Produkte, die sehr gesund sind und die es auszuprobieren lohnt. Schockgefrorenes Gemüse etwa ist im

Winter eine ideale Alternative zu den teureren frischen Produkten. Gefrorener Fisch lässt sich schnell zubereiten und ist oft sogar preiswerter als Fleischangebote in der Metzgerecke. Im Milchregal stehen eine ganze Reihe von ungesüßten Milchprodukten: Dickmilch, Buttermilch, Kefir, Joghurts, Quark, Hüttenkäse oder auch Sojasahne. Probieren lohnt sich, und vor allem die Kinder freuen sich immer über etwas Neues. Vielleicht finden sie ganz neue Lieblingsprodukte, die zudem noch gesund sind. Zu Hause kann man Dickmilch & Co. auf einfache Weise mit etwas Obst verfeinern und in eine gesunde Leckerei verwandeln.

Brot-Schlaraffenland

Das Zauberwort heißt Vollkorn. Brot und Getreideprodukte, in denen möglichst alle Bestandteile des Getreidekorns enthalten sind, sind eindeutig die gesündesten. Sie enthalten mehr Vitamine, Mineral- und Ballaststoffe als jene aus Weißmehl.

Kinder mögen allerdings oft kein schweres Kastenbrot mit halben oder ganzen Körnern drin, und selbst viele Eltern lehnen das »Körnerfutter« ab und bevorzugen französisches oder italienisches Weißbrot. Die gesunde mediterrane Küche zeigt, dass es auch ohne Vollkornbrot geht. Um den Verlust an Vitaminen und Mineralstoffen im Brot wieder auszugleichen, stehen dann z. B. mittags eine Minestrone und abends Gemüse-Antipasti auf dem Speiseplan. Doch gerade in Deutschland mit seiner berühmten Brotbackkultur und den zahlreichen Brotvarianten sollten sich gute und gesunde Brotsorten finden lassen, die auch die Kinder mögen.

Allerdings gaukeln vor allem industrielle Bäcker dem Verbraucher mit immer schillernderen Namen eine Vielfalt vor, die sie in Wahrheit gar nicht anbieten. Aus dem gleichen faden weißen Teig werden mit ein paar Körnern obendrauf zehn verschiedene Brötchensorten, der gleiche Brotteig wird mit mehr oder weniger braunem Farbstoff zu zahlreichen Pseudovarianten verbacken.

Für Eltern und Kinder, die Gewicht verlieren möchten, ist bei der Brotauswahl vor allem wichtig, dass es satt macht. Vollkornbrot macht länger satt als Baguette oder Ciabatta. Denn das grob gemahlene Mehl enthält viele Ballaststoffe und komplexe Kohlenhydrate. Daher verweilt Vollkornbrot länger in Magen und Darm, lässt den Insulinspiegel nicht so rasch ansteigen und beugt so dem Hungergefühl vor. Außerdem regt es die Verdauung an.

Morgens Müsli

Kinder, die statt Brot gerne ein Müsli zum Frühstück essen, sollten Haferflocken oder andere Getreideflocken essen anstelle von industriellen Cerealien. Dazu schmecken Sonnenblumen- oder Kürbiskerne, die zusätzlich gesunde Nährstoffe liefern. Zu den Getreideflocken und den Kernen kommt etwas frisches Obst und Milch, und schon ist ein leckeres, sättigendes Frühstück fertig. Wichtig ist der Eiweißanteil im Getreidefrühstück, der mit viel frischer Milch, mit ein paar Löffeln Joghurt oder einem zusätzlichen Löffel Magerquark erhöht werden kann.

Ausgetrickst
Lara, 4 Jahre

Lara geht in einen besonderen Kindergarten. Dort wird extra auf gesundes Essen geachtet. Alles Bio, sagt Mama. Aber Lara mag das schwere Brot nicht, das sie dort essen soll. Deswegen isst sie vorher zu Hause extra viel, damit sie nachher keinen Hunger hat. Sie will Milch und süße Flocken. Milch ist gut, sagt Mama, süße Flocken eigentlich nicht. Aber sie möchte eine zufriedene Tochter. Letzte Woche hat sie gesunde Flocken im Supermarkt gefunden. Mit viel Vollkorn. So ist Mama zufrieden und kauft die Flocken, und Lara ist auch zufrieden, denn die gesunden Flocken schmecken richtig süß.

Mittags macht eine Einlage aus Grünkern oder anderem Getreide jede Suppe zur vollwertigen und sättigenden Mahlzeit. Oder man probiert neue Getreidebeilagen aus, wie ungeschälten Reis oder Getreideprodukte aus anderen Ländern wie Bulgur oder Couscous. Diese findet man im Supermarkt und in einigen Drogeriemärkten. Bulgur besteht aus vorgekochtem Hartweizen, man isst ihn meist als Beilage oder als Suppeneinlage, während die afrikanische Variante Couscous auch als Spezialität in der Pfanne mit Gemüse und Fleisch zubereitet wird.

Immer wieder Nudeln

Spaghetti mit Tomatensauce sind das Lieblingsgericht vieler Kinder, und warum auch nicht? Die Frage ist nur, aus welchen Zutaten man sie bereitet.

Frische Tomaten bringen Vitamine in die Nudelsauce. Sie schmecken am besten, wenn sie rot geerntet sind.

Es müssen ja keine deutschen Eiernudeln sein, die italienischen aus Hartweizengrieß schmecken den meisten Kindern sowieso besser und sind energieärmer. Gesünder und sättigender sind Vollkornnudeln. Doch Kinder mögen sie oft nicht so gerne. Doch nur Mut, Ausprobieren lohn sich auch hier. Ein anderer Trick ist, die Vollkornnudeln einfach unterzumogeln, eine Hälfte normale Nudeln und eine Hälfte Vollkornnudeln zu mischen. Man muss nur darauf achten, dass die Kochzeiten gleich sind oder dass man die Nudeln mit der längeren Garzeit entsprechend früher ins kochende Wasser gibt. Um den Blutzucker nicht so schnell ansteigen zu lassen, gehört zu jeder Nudelmahlzeit eine Eiweißportion. Das können Streifen aus gebratener Putenbrust sein, Krabben oder Garnelen.

Nicht aus der Tüte

Nudelsaucen, die man mit Wasser anrührt, enthalten fast immer Zucker und eine Menge Bindemittel, dafür fehlen die guten Stoffe aus frischen Tomaten meist ganz. Wertvoller sind Fertigsaucen aus dem Glas. Es gibt große Qualitätsunterschiede, die von außen nicht immer sichtbar sind. Ein Blick auf die Zutatenliste hilft; Zucker, Bindemittel und Konservierungsstoffe sollten sich in Grenzen halten. Tomatensaucen aus dem Biomarkt sind zwar teurer, dafür bestehen sie nur aus guten Zutaten.

Am gesündesten sind selbst gekochte Saucen, im Sommer aus frischen Tomaten. Soll es schnell gehen, nimmt man eine Packung Tomatenstückchen oder passierte Tomaten. Sie sind meist billig und enthalten trotzdem die wertvollen Inhaltsstoffe der Tomate, z. B. das Lycopin. Es sorgt für die rote Farbe der Tomate und zählt zu den Antioxidantien, die im Körper schädliche freie Radikale abfangen und krebsvorbeugend wirken. Zu Hause dünstet man eine Handvoll gehackte Zwiebeln mit einer Knoblauchzehe in etwas Olivenöl an, gibt den Doseninhalt, ein paar italienische Kräuter und etwas Salz dazu – fertig ist die Tomatensauce.

Für Spaghetti mit Tomatensauce sollten Sie immer Nudeln aus Hartweizengrieß oder Vollkorn, eine Packung Tomatenstückchen, Zwiebeln, Knoblauch, Olivenöl und Tiefkühlkräuter dahaben.

Pizza: Nur selbst belegt ist echt

Beliebt, aber ungesund und ein echter Dickmacher ist die Pizza. In vielen Familien sind Fertigpizzen als schnelles und vermeintlich preiswertes Essen beliebt. Dabei sind sie ziemlich teuer, jedenfalls dann, wenn sie nach etwas schmecken sollen außer nach Salz, Fett und »Papp«. Die Zutaten der billigen Sorten sind oft von minderer Qualität, zum Ausgleich sind sie aber stark gewürzt und mit fettem Käse bestreut. Ernährungsphysiologisch gehören Fertigpizzen in die Kategorie überflüssiges Fastfood und sollten am besten gar nicht auf den Tisch kommen. Dagegen ist eine richtige italienische Pizza, frisch aus dem Steinofen, etwas sehr Leckeres und auch Gesünderes, und ein Familienbesuch in einer solchen Pizzeria ein Highlight für die Kinder.

Wenn es Pizza zu Hause geben soll, dann sollte sie wenigstens selbst belegt werden. Wer den Aufwand scheut, einen Hefeteig selbst zuzubereiten, kauft im Kühlregal einen Fertigpizzateig. In manchen Discountern gibt es ihn kombiniert mit Tomatensauce. Besser ist es, passierte Tomaten oder Dosentomaten extra zu kaufen. Zusätzlich braucht man Pizzagewürz, und dann sind der Phantasie keine Grenzen gesetzt.

Kinder lieben es, Pizzen zu belegen! Warum sollte man ihnen den Spaß nehmen? Die Eltern können auf fettarme und gesunde Zutaten achten, und alle werden die selbst belegte Pizza bestimmt viel lieber essen als eine gekaufte. Für einen energiearmen Belag gilt: besser Schinken als Salami, besser Tiefkühlshrimps als geölte Sardellen aus der Dose, besser frische Champignons als Speck und besser Mozzarella als geriebenen Emmentaler oder irgendwelchen «Pizza-Käse« aus der Packung unbekannten Ursprungs. Und dann: ab in den Ofen!

Kartoffeln: Besser pur

Kartoffeln kommen direkt vom Acker, enthalten jedoch viel Stärke und ähneln daher in ihren Nährstoffen Nudeln, Reis & Co. Sie machen satt und sind ein bedeutender Energieträger. Als pflanzliches Produkt können sie neben der Stärke aber auch eine Reihe von Vitaminen und Mineralstoffen liefern. Doch was die Lebensmittelindustrie aus dem Naturprodukt zaubert, hat mit gesunder Ernährung oft nichts mehr zu tun. Durch die Zubereitung werden Kartoffeln in der Regel extrem fetthaltig, und wichtige Nährstoffe gehen verloren.

Familien, die abnehmen wollen, sollten daher beim Einkauf auf Pommes frites und ähnliche Produkte aus der Tiefkühltruhe wie Kroketten, Kartoffelbratlinge und Kartoffeltaler ebenso verzichten wie auf Kartoffelpuffer oder Rösti. Das Gleiche gilt für Kartoffelsalat aus dem Kühlregal und Kartoffelsuppe aus der Dose.

Das einzige Kartoffel-Fertigprodukt im Supermarkt, das nicht vor Fett trieft und das tatsächlich viel Arbeit spart, ist Kartoffelbrei aus der Tüte.

» Männersache Martin, 16 Jahre

Martin ist ein ganzer Kerl. So wie sein großer Bruder und sein Vater. Der sagt: »Ein Mann ohne Bauch ist ein Krüppel!«, und Martin sagt das auch, denn es klingt cool. Die drei Männer strotzen vor Selbstbewusstsein und vor Übergewicht. Neulich wollte Mama einen Kräutergarten anlegen und mehr gesunde Sachen im Garten haben. Sie hat ihre Männer gefragt, ob sie ein Beet anlegen könnten. Klar, konnten sie. Erst haben sie über »das Grünzeug« gewitzelt. Aber den Salat, den Mama geerntet und mit den frischen Kräutern verfeinert hat, den haben sie verschlungen. Obwohl nur »Grünzeug« drin war.

Wer gerne Kartoffeln isst, kauft am besten das Naturprodukt. Zu Hause kocht man sie kalorienarm mit der Schale, im Winter als Beilage zu magerem Fleisch, im Sommer mit Kräuterquark als komplette Mahlzeit. Große Exemplare sind köstlich als Ofenkartoffeln, in Alufolie gegart und danach mit Frischkäse oder einem Quark-Dip verfeinert. Roh geschält, klein geschnitten und mit etwas Salz in Wasser gekocht, schmecken Salzkartoffeln köstlich zum Fisch. Im Herbst etwas Warmes? Eine Kartoffelsuppe mit Karotten, Lauch, Petersilie und nach Geschmack auch Sellerie ist rasch gekocht, sättigt und ist obendrein sehr gesund.

Der ideale Snack: Obst

Zwei bis drei Sorten frisches Obst sollten immer vorrätig sein. Am besten kauft man gesundes, frisches Obst aus der Region: also im Frühjahr Erdbeeren, im Sommer Kirschen, Aprikosen und Pfirsiche, im Herbst Trauben, Äpfel oder Birnen.

In den obstarmen Jahreszeiten lässt sich die Vielfalt mit exotischen Sorten, wie Kiwi oder Mango, erhöhen. Bananen mögen alle Kinder gerne und sie sind das ganze Jahr über verfügbar. Auch Tiefkühlobst bietet sich im Winter an. Zum frischen Verzehr ist es allerdings weniger geeignet. Besser ist es, man gibt aufgetaute Beeren in Joghurt oder Quark, als Frühstück oder als Zwischenmahlzeit.

Verderbliches Obst, wie Pfirsiche, sollten kleinere Familien lieber nur in geringen Mengen, aber dafür öfter einkaufen.

Kinder essen Obst und Möhren, Kohlrabi oder Paprika auch gerne zum Pausenbrot. Da sie rohes Gemüse lieber als gekochtes mögen, sollte man sie alles einmal roh probieren lassen. Was sie gerne mögen, bekommen sie mit in die Schule.

Im Winter: Tiefkühlgemüse

Für Gemüse gilt das Gleiche wie für Obst: am besten saisonal und regional einkaufen. Vieles gibt es, wie Tomaten und Paprika, das ganze Jahr über. Aber Gemüse aus der Saison wird weniger gedüngt und braucht weniger Pflanzenschutzmittel. Im Winter, wenn das saisonale Angebot klein ist, ist Tiefkühlgemüse eine prima Ergänzung. Spinat und viele andere Gemüsesorten, wie Brokkoli, Erbsen, Rosenkohl oder Schnittbohnen, werden schockgefroren und sehr gut portionierbar als Tiefkühlvariante angeboten. Auch Champignons gibt es im Tiefkühlbeutel, sie eignen sich als Ergänzung in grünem Salat oder auf der selbst belegten Pizza. Und: Das vitaminreiche Tiefkühlgemüse ist besonders für die schnelle Küche geeignet.

Die gesündeste und leichteste aller Vorspeisen ist ein frischer Salat, für Kinder gerne bunt, also ein grüner Salat mit zusätzlichen Tomatenscheiben, Gurkenstückchen, Champignons, Möhren, Paprika, Radieschen, oder was Saison und Vorrat gerade bieten. Blattsalate welken schnell und sollten immer tagesfrisch sein, damit das Vitamin C noch möglichst vollständig darin enthalten ist. Besser halten sich Eisbergsalat und Chinakohl, der sich sehr gut als Wintersalat eignet. Eine beliebte Alternative im Winter ist Feldsalat. Wenn es einmal gar keinen Freilandsalat gibt, kann man ihn durch verschiedene Rohkostsalate ersetzen. Ein Salat aus rohem Weißkraut, Möhren und (säuerlichen) Äpfeln beispielsweise schmeckt den meisten Kindern prima und ist ebenfalls sehr vitaminreich.

Nicht kaufen sollte man die teureren vorgeschnittenen Salate. Sie sind sehr vitaminarm, denn an den Schnittstellen gehen viele Vitamine verloren.

Kräuter nur frisch

Fertigsalatgewürz oder Fertigsalatsaucen gehören nicht in die gesunde Küche. Fast immer enthalten sie Zucker, dazu Aromastoffe und oft auch Konservierungsmittel. Frische Kräuter hingegen gehören in jeden Sommersalat. Am bekanntesten ist der Schnittlauch, doch auch Zitronenmelisse, Kerbel oder Petersilie sollte man probieren. Trockenkräuter schmecken im Salat weniger gut.

Die Kräuter kann man im Sommer auf dem Balkon oder im Garten ziehen. Frische Kräuter aus dem Laden stellt man in ein Glas Wasser, sodass sie sich auch am nächsten Tag noch verwenden lassen. Im Winter gibt es Kräuter aus der Tiefkühltruhe.

Fleisch und andere Eiweißquellen

Die frühen Menschen haben sich vorwiegend aus der Natur ernährt. Sie lebten hauptsächlich von Pflanzenkost. Hinzu kam das Fleisch erlegter Tiere oder Fische aus Seen und Flüssen. Tierisches Eiweiß war eine wichtige Energiequelle. Erst als die Menschen sesshaft wurden und Felder bestellten, kam Getreide als Nahrungsmittel dazu.

Eiweiß ist auch heute noch ein wichtiger Nährstoff, von dem im Vergleich zu Kohlenhydraten und Fett nicht alle genug zu sich nehmen. Vor allem übergewichtige Menschen, auch Kinder, sind häufig unterernährt an Eiweiß und nehmen zu viel Energie in Form von Stärke, Zucker und Fett zu sich.

Gerade bei dicken Kindern ist es wichtig, dass die Eltern auf eine ausreichende Eiweißzufuhr achten. Wichtige Eiweißquellen sind Fleisch und Geflügel, Fisch, Milchprodukte und eiweißreiche Pflanzen wie Hülsenfrüchte, z. B. Sojabohnen. In der deutschen Normalküche überwiegt bis heute das Fleisch bei den Eiweißprodukten, gleichzeitig enthält es oft eine Menge Fett. Bei Übergewicht ist es daher sinnvoll, bei Wochenplanung und Einkauf darauf zu achten, dass genügend der mageren Eiweißquellen im Einkaufswagen landen.

Geflügelfleisch ist meist fettärmer als Fleisch vom Schwein oder Rind. Es lässt sich gut als Geflügelsalat (ohne Mayonnaise!) zubereiten oder als Brotbelag verwenden. Ein Putenschnitzel auf dem Pausenbrot ist eine gesunde Alternative zur Wurst.

Fisch enthält neben wertvollem Eiweiß auch die seltenen Omega-3-Fettsäuren, besonders gesunde, mehrfach ungesättigte Fettsäuren. Mindestens einmal pro Woche kann Fisch auf dem Speiseplan stehen. Frischen Fisch bekommt man freilich nur in

Käse enthält viel Eiweiß und viel Kalzium für die Knochen. Zur Abwechslung vom Schaf oder von der Ziege.

speziellen Geschäften oder auf dem Markt. Eine bequeme und preiswerte Alternative ist Tiefkühlfisch aus dem Supermarkt. Gut geeignet sind gefrorene Filets oder ganze Fische, die (unpaniert!) gebraten oder gedünstet gut schmecken. Meeresfrüchte wie Muscheln, Tintenfische oder Garnelen schmecken gut in einer Nudelsauce oder einer Reispfanne.

Bei Shrimps, Garnelen und ähnlichen Tieren sollte man aber darauf achten, woher sie stammen. Asiatische Produkte stammen oft aus Zuchtfarmen, bei denen eine Menge Antibiotika ins Wasser kommen, die sich dann im Fleisch wiederfinden. Nicht kaufen sollte man bei Gewichtsproblemen alle panierten Fischprodukte, auch keine panierten Tintenfischringe und keine Fischstäbchen, denn sie bestehen meist nur zu 13 Prozent aus Eiweiß, dafür aber zu 18 Prozent aus Kohlenhydraten (im Panier-

Am Kühlregal gilt: Naturprodukte nehmen und Kinderprodukte stehen lassen. Sie sind meist zu süß.

mehl) und zu 8 Prozent aus Fett. Auch eingelegten Fisch in der Dose lässt man besser im Regal liegen, denn der schwimmt entweder in Öl oder in einer süßen Tomatensauce.

Bei Bismarckheringen oder Rollmops kann man dagegen gerne zugreifen (bitte ohne Sahnesauce). Ein paar Pellkartoffeln und etwas herzhaft gewürzter Quark machen daraus eine komplette Mahlzeit.

Eiweiß aus Bohnen und Linsen

Hülsenfrüchte stellen eine gesunde pflanzliche Alternative dar. In vielen Supermärkten gibt es neben den Milchprodukten eine Sojaecke mit Sojamilch und Tofuprodukten. Tofuprodukte schmecken nicht jedermann, aber Ausprobieren macht den Kindern Spaß, und vielleicht findet sich das eine oder andere, das allen schmeckt.

Erbsen, (dicke) Bohnen und Linsen enthalten bis zu 25 Prozent Eiweiß. Gerade in Herbst und Winter ist eine Suppe oder ein Eintopf auf der Basis von dicken Bohnen oder Linsen eine Köstlichkeit. Hülsenfrüchte sind meistens sehr preiswert, und man kann sie beruhigt getrocknet kaufen, sie verlieren dadurch ihre wichtigen Hauptnährstoffe nicht. Wer die Blähungen scheut, die auf reichlichen Genuss von dicken Bohnen oft folgen, würzt Suppe oder Eintopf mit Kümmel, Fenchel oder Koriander, die die unliebsame Nachwirkung mildern. Eine exotische Variante sind Kichererbsen, die man ebenfalls gekocht in Dosen oder getrocknet kaufen und im Eintopf oder als Püree zubereiten kann. Die bunten italienischen Linsen sehen fröhlich aus, das mögen die Kinder und werden es gerne probieren. Im Sommer stellen dicke Zuckererbsenschoten eine weitere beliebte Gemüsevariante dar und können sogar roh als Ergänzung im Salat gegessen werden.

Weiße Pracht im Kühlregal

Milch und Milchprodukte sind eine prima Quelle für Eiweiß und für Kalzium, einen Mineralstoff, der für den Knochenaufbau sehr wichtig ist. Für ein Kindergartenkind reichen schon ein Glas Milch und eine Scheibe Käse am Tag, um den wachsenden Körper ausreichend mit Kalzium zu versorgen.

Das Kühlregal im Supermarkt bietet viele Produkte, die schmecken und gesund sind, aber auch jede Menge »Müll«. Alles, was innen weiß ist, kann man tendenziell kaufen, alles Farbige lieber nicht.

Empfehlenswerte Artikel sind alle Sorten von Milch und Milchprodukten (bei Übergewicht die fettarme wählen), wie Naturjoghurt, Quark, Sauermilch, Dickmilch oder Buttermilch. Auch Butter kann in den Einkaufskorb hinein, wenn sie zu Hause sparsam verwendet wird.

Käse kauft man besser an der Käsetheke. Frisch vom Laib geschnitten, schmeckt er meistens besser als abgepackter Käse. Ausnahmen sind portionierte Käse wie Camembert-Sorten, die man ohnehin im Ganzen kauft. Wer abnehmen will, sollte ausschließlich Sorten mit höchstens 30 Prozent Fett (in der Trockenmasse, nachdem also alles Wasser herausgepresst wurde) kaufen.

Vermutlich sind kaum mehr als 10 Prozent der Milchprodukte empfehlenswert. Die übrigen 90 Prozent sind zuckerreiche oder fettreiche Fertigprodukte, die dick, aber nicht satt machen und oft sehr teuer sind. Das gilt auch für Fruchtjoghurts, Quarkspeisen, Milchmixgetränke & Co. All dieses darf gerne auf den Speiseplan, wenn es selbst angerührt ist mit frischen und gesunden Zutaten.

Eltern von übergewichtigen Kindern sollten keine Kinderprodukte aus dem Milchregal kaufen, denn fast alle enthalten zu viel Zucker, dazu künstliche Aromen und Farbstoffe. Das angebliche »kleine Steak« im Becher ist nichts anderes als eine Zuckercreme mit ein bisschen Milch darin.

Unbekannte Nudelfüllungen

Im herzhaft-pikanten Teil des Kühlregals bitte alle fertigen cremigen Brotaufstriche und »Salate« stehen lassen, denn sie sind meistens wahre Fettbomben.

In den letzten Jahren immer beliebter geworden sind frische Nudeln aus dem Kühlregal, oft gefüllt als Tortellini oder Ravioli. Doch was als Füllung darinsteckt, das sieht man nicht von außen und dessen Herkunft bleibt im Zweifelsfall in Dunkeln. Deswegen Nudeln entweder selbst füllen oder ungefüllte Nudeln verwenden und diese mit einer möglichst gesunden Sauce selbst zubereiten.

Packungswerbung für die Doofen

Manche Hersteller machen Werbung mit Selbstverständlichkeiten, und eine Menge Menschen fallen darauf herein und kaufen ein Produkt, das Eindruck schindet mit Aussagen, die keine sind.

Ein Beispiel dafür sind Gummibärchen. Sie bestehen traditionell aus Fruchtsaft und Gelatine, hinzu kommen je nach Produkt Zucker, Farb- und Aromastoffe. Sie enthalten aber kein Fett. Doch einige Hersteller werben genau damit und schreiben groß auf die Packung: Fettfrei! Bei manchen Kunden funktioniert der Trick und sie legen die Gummibärchen jetzt guten Gewissens in den Einkaufswagen.

Ein anderes Beispiel ist fertig angerührter und in Bechern verkaufter »Pellkartoffelsalat«. Auch da greifen Menschen mit Übergewicht eher zu, denn Pellkartoffeln gelten als gesund. Dabei besteht jeder Kartoffelsalat aus Pellkartoffeln. Dass die Marinade aber Mayonnaise und damit eine Menge Fett enthalten kann, wird geflissentlich verschwiegen. Das steht dann ganz klein hinten oder unten auf dem Becher, da liest es nämlich keiner.

Durstlöscher

»Hängen Sie eigentlich immer noch an der Flasche?«, fragte ein kluges Werbeplakat der Münchner Stadtwerke vor einiger Zeit und zeigte einen lässigen Barkeeper, der ein Glas Leitungswasser vom Hahn zapft. In der Tat: In den meisten Städten und Gemeinden schmeckt das Trinkwasser aus der Leitung so gut, dass man es als Hauptgetränk für die

» Fertig und teuer Tanja, 9 Jahre

Tanjas Mutter hatte wenig Zeit und kochte auch nicht gerne. In letzter Zeit mussten sie etwas sparen. Daher sah die Mutter vor dem Einkauf immer die Angebote auf den Supermarktprospekten durch. Die Familie vor ihnen an der Kasse hatte ihren Einkaufswagen vollgeladen, wie sie selbst. Viel Gemüse, Nudeln und Milch sah Tanja darin. Es kostete ca. 40 Euro. Als bei ihr selbst alle Tütensuppen, Puddings und Frühstücksflocken zusammengezählt wurden, musste die Mutter 60 Euro bezahlen. So viel? Dabei hatten sie doch die Angebote genommen und weniger im Wagen als die andere Familie.

ganze Familie nehmen kann. Es ist konkurrenzlos billig, jederzeit frisch und in beliebigen Mengen verfügbar und das ohne Schlepperei.

Klar, eine selbst gemischte Schorle braucht auch Kohlensäure, und manche Kinder mögen Sprudelwasser einfach lieber als Leitungswasser. Mineralwasser gehört also zum ständigen Vorrat in jedem Haushalt, man sollte es nicht ausgehen lassen.

Was beim Einkaufen außerdem in den Wagen kommen kann, sind Fruchtsäfte, wie Orangensaft, oder Apfelsaft, empfehlenswert ist auch ein Saft aus Schwarzen Johannisbeeren, Trauben oder Kirschen. Es sollten aber immer richtige Fruchtsäfte sein. Beim billigeren Nektar kauft man nur die Wasserverdünnung mit, bei Fruchtsaftgetränken immer eine gehörige Portion Zucker, oft an die 100 Gramm pro Liter, wobei es nach oben keine Begrenzung gibt. Daher beides bitte stehen lassen und nur reinen Fruchtsaft kaufen. Den sollten die Kinder zu Hause mit Mineralwasser oder (bei Orangensaft) gerne auch mit Leitungswasser verdünnen, denn dann löschen sie besser den Durst.

Besonders hochwertig ist der meist etwas teurere Direktsaft, der frisch gepresst abgefüllt wird. Andere Fruchtsäfte sind in aller Regel zu Konzentrat verarbeitet und erst später wieder mit Wasser verdünnt worden. Ernährungsphysiologisch macht das zwar kaum einen Unterschied, aber Direktsaft schmeckt vielen besser.

Alle übrigen Getränkeangebote im Supermarkt sollten Eltern besser stehen lassen. Limonaden enthalten eine große Menge Zucker und gehören nicht in einen Haushalt mit übergewichtigen Kindern. Dasselbe gilt für sämtliche Getränkepulver, die mit Wasser angerührt werden, also z. B. Instant-Tees, Fruchtpulvermischungen und Ähnliches. Sie bestehen hauptsächlich aus Zucker sowie Aroma- und Farbstoffen. Richtiger Tee schmeckt besser und macht schlank, und richtiger Saft enthält wenigstens noch ein paar Vitamine und Mineralstoffe, die den Pulvern komplett fehlen.

Inhaltsstoffe lesen lernen

Deutsches und europäisches Lebensmittelrecht schreiben vor, dass Inhaltsstoffe und Nährstoffanteile auf jeder Lebensmittelpackung angegeben sein müssen. Diese Tabellen stehen oft hinten, seitlich oder unten auf der Packung und sind so klein gedruckt, dass gerade ältere Menschen sie ohne Lupe kaum entziffern können.

Sämtliche Zutaten werden in der mengenmäßigen Reihenfolge aufgelistet. Zuoberst stehen die drei Hauptnährstoffe Kohlenhydrate (z. B. Zucker oder Stärke), Eiweiß und Fett. Manchmal sind die Nährstoffe zusätzlich pro Portion angegeben, was dem Verbraucher hilft, die tatsächlichen Mengen abzuschätzen, die er zu sich nimmt.

Stehen Aromastoffe auf der Zutatenliste, dann gab das Ausgangsprodukt nicht genügend Geschmack oder Geruch her. Ein gutes und gesundes Nahrungsmittel braucht werder zusätzliche »natürliche« noch »naturidentischen Aromastoffe«. Denn es enthält genug eigenes Aroma.

Farbstoffe stecken in Süßigkeiten, aber auch in Milchprodukten, Obstkonserven, Limonaden, Käse und manchen Brotsorten. Sie sind oft verschlüsselt mit den Nummern E 100 bis E 199 angegeben. Sind die Stoffe zugesetzt, dann kauft man eine optische Täuschung. Das ursprüngliche Lebensmittel hätte sicher weniger appetitlich ausgesehen.

Möglichst wenig Zusatzstoffe

Um ein Lebensmittel länger haltbar zu machen, sind manchmal Konservierungsmittel (E 200 bis E 290) beigegeben. Man findet sie in Fertigsalaten, Kartoffelprodukten, in Gemüsekonserven, eingelegtem Fisch oder in Fertigsaucen. Am besten kauft man Produkte mit der Aufschrift »ohne Konservierungsstoffe«, denn Konservierungsstoffe sind nicht gesundheitsförderlich. Frische Lebensmittel sind allemal gesünder. Konservierend wirken auch ersatzweise oft zugesetzte »Antioxidantien« (E 300 bis E 321). Sie verhindern, dass bestimmte Lebensmittelbestandteile an der Luft oxidieren und sich dadurch zersetzen. Sie sind in den meisten Suppen und Saucen, in Knabberzeug, Süßigkeiten, in Margarine und Backwaren enthalten.

Emulgatoren und Stabilisatoren verbinden Inhaltsstoffe, die sich sonst nicht verbinden ließen, etwa Fett und Wasser. Damit sich keine hässlichen Schichten bilden, sind sie in fast allen Cremespeisen und Salatsaucen enthalten, außerdem auch oft in Backwaren und Puddingspeisen.

Verdickungsmittel sind in Fertiglebensmitteln enthalten, die gehaltvoll wirken, satt machen sollen oder das Produkt cremiger machen sollen. Es sind meistens pflanzliche Stoffe wie Stärke, Gelatine, Agar-Agar (aus Algen) oder Pektin (aus Äpfeln).

Geschmacksverstärker sind besonders tückisch. Sie gaukeln mehr Geschmack vor, als eigentlich in dem Lebensmittel steckt, und sind vielen Wurstsorten, Saucen, Tütensuppen, Tiefkühlmenüs oder anderen Fertiggerichten beigesetzt. Am häufigsten verwendet man Glutamat oder chemische Abkömmlinge davon. Da Glutamat den Appetit anregt, motiviert es zu mehr Konsum, als nötig und gesund wäre. Außerdem kann es auch Kopfschmerzen und sogar Kreislaufprobleme bereiten.

Die Light-Falle

Menschen mit Übergewicht greifen häufig zu so genannten Light-Produkten. Besonders Softdrinks, Milchprodukte oder Süßigkeiten werben mit der Eigenschaft »leicht«. Sie enthalten weniger Fett oder weniger Zucker als ein vergleichbares Produkt. Zucker oder ein Teil davon wird durch einen oder mehrere der vielen Süßstoffe oder Zuckeraustauschstoffe ersetzt. Auf dem Etikett steht dann, dass »Süßungsmittel« verwendet wurden.

Die Käufer glauben, davon beliebige Mengen essen oder trinken zu dürfen, ohne dick zu werden. Tatsächlich enthalten Süßstoffe keine Kalorien wie echter Zucker, aber sie gaukeln der Bauchspeicheldrüse Zucker vor. Die produziert daraufhin das Blutzuckerhormon Insulin, das den Appetit anregt und Hunger verursacht. Kurze Zeit nach dem Verzehr eines Light-Joghurts oder nach dem Genuss einer Light-Limo haben Kinder schon wieder Hunger. Sie essen anschließend mehr und nehmen dadurch zu.

Für manche Zuckerersatzstoffe, wie Aspartam oder Cyclamat, gibt es Grenzwerte, also Mengen, die nicht überschritten werden dürfen. Denn sie wirken selbst bei Erwachsenen gesundheitsschädlich. Wie sie bei Kindern wirken, ist unbekannt. Wegen des geringeren Körpergewichts sollten Kinder unbedingt weniger davon zu sich nehmen als Erwachsene. Schon 0,7 Liter einer mit Aspartam gesüßten Limonade am Tag ist für Kinder zu viel.

Fettreduzierte Lebensmittel, wie fettreduzierte Milch, Joghurt oder Quark, schaden hingegen nicht. Der Aufdruck »nur 0,1 Prozent Fett« bezieht sich aber auf die Gesamtmasse und nicht, wie bei Käse üblich, auf die Trockenmasse. Da alles Wasser mit berechnet wird, ergibt sich ein niedrigerer Fettanteil, als wenn man ihn auf die Trockenmasse bezieht. Aber 0,1 Prozent Fett ist eine gute Alternative.

» Ich bin ich Michael, 11 Jahre

Michael würde so gerne Fußball im Fußballverein spielen. Aber mit seinen 40 Kilo Übergewicht hat er Angst vor dem ersten Training, vor den abfälligen Blicken und Kommentaren der anderen Jungs. Erst als Stefan Frädrich ihm erklärt, dass er am besten akzeptiert wird, wenn er keine Angst hat, traut er sich. Jetzt redet Michael selber von seinem Dicksein, noch bevor die anderen über seine Speckröllchen witzeln können. Er sagt zu seinen Kameraden: »Ich weiß, ich bin etwas zu dick, aber daran arbeite ich!« Damit nimmt er gleich von vornherein allen Lästerern den Wind aus den Segeln.

Die wichtigsten Lebensmittel

Wenn Sie die hier aufgelisteten Lebensmittel immer im Haus haben, sind Sie für die meisten Rezepte gut gerüstet. Natürlich können Sie diesen Vorrat auch ganz nach Ihren Vorlieben abwandeln. Wo Sie die typischen Basics am besten lagern und was Sie dabei beachten sollten:

Im Küchenschrank:

Hier werden die Lebensmittel dunkel und bei Raumtemperatur gelagert. Der Schrank sollte sich wegen der Kochdämpfe möglichst nicht direkt über dem Herd befinden. Aufbewahrt werden z. B.:

- Vollkornmehl, Weizengrieß (Couscous), Maisgrieß, Vollkornnudeln, (Vollkorn-)Haferflocken, Gemüsebrühe (Instant), Kaffee, Tee, Vollkornreis, Hülsenfrüchte, Tomaten (Dose), Tomatenmark, Öl, Senf, Sojasauce, Thunfisch (Dose), Mais (Dose), Honig, Ahornsirup, Agavensirup, Backpulver, Trockenhefe, Nüsse, Trockenfrüchte, Zwiebeln, Knoblauch, Möhren, Zucchini, Auberginen, Kartoffeln, Kiwis, Zitrusfrüchte

GUT ZU WISSEN Mehl, Grieß und Haferflocken nach Anbrechen der Packung in Vorratsdosen umfüllen, dann haben Mehlmotten & Co. keine Chance.
Viele Obst- und manche Gemüsesorten können Kälte nicht vertragen. Tomaten z. B. verlieren im Kühlschrank ihr Aroma. Daher am besten im Küchenschrank lagern. Obst und Gemüse sollten jedoch nicht zusammen lagern, weil vor allem Äpfel ein Gas verströmen, das Gemüse schnell welk werden lässt.

Auf dem Gewürzbord:

Alle Lebensmittel, die man schnell zur Hand haben möchte, finden sich hier, wie z. B.:

- Zucker, Salz, Essig, getrocknete Kräuter, Gewürze

GUT ZU WISSEN Gewürze sollten immer gut verschlossen in dunklen Gläsern aufbewahrt werden und möglichst nicht zu nah am Herd. Übrigens: Gewürzstreuer sollte man nie direkt über den dampfenden Topf halten: Der aufsteigende Dampf bildet Klumpen, der Streuer ist verstopft und das feine Aroma verschwindet im Nu.

Im Kühlschrank:

Um Lebensmittel frisch zu halten, benötigt der Kühlschrank eine Temperatur zwischen 0 und 7 °C. Hier werden z. B. aufbewahrt:

- Naturjoghurt (fettarm), Milch (fettarm), Speisequark (Magerstufe), Eier, Hartkäse, Gemüse, Salat, frische Kräuter (in dunkles Papier gewickelt)

GUT ZU WISSEN Ist das Mindesthaltbarkeitsdatum eines Lebensmittels abgelaufen, heißt dies noch nicht, dass die Ware verdorben ist. Je weniger Wasser das Lebensmittel enthält, desto länger kann es über das Mindesthaltbarkeitsdatum verzehrt werden. Trotzdem: Vor der Verwendung immer mit Auge und Nase prüfen!

Im Tiefkühlfach:

Bei Temperaturen von bis zu minus 18 °C wird Tiefkühlkost gelagert – möglichst immer in der Originalverpackung. Folgende Lebensmittel sollten sich zum Beispiel im Tiefkühlfach befinden:

- Fisch, Beeren, Fleisch (z. B. Hähnchenbrustfilet, Putenfleisch, Kalbfleisch), Gemüse (z. B. Möhren, Erbsen, Spinat)

GUT ZU WISSEN Wenn nur ein Teil eines tiefgefrorenen Lebensmittels entnommen wird, muss der Rest wieder gut verschlossen werden. Einmal Aufgetautes nicht wieder einfrieren! Aufgetautes ist übrigens genauso lange haltbar wie frische Ware. Beim Einkauf Tiefkühlkost mit Reifschicht liegen lassen, denn diese zeigt, dass die Ware schon einmal angetaut war.

Die Garmethoden: Was wie gekocht wird

Um beim Kochen die wertvollen Nährstoffe und den optimalen Geschmack von Lebensmitteln zu erhalten, ist es wichtig, die für das jeweilige Lebensmittel passende Zubereitungsart zu wählen. Hier lernen Sie die besten Garmethoden für eine gesundheitsbewusste Ernährung kennen:

WOKKEN

Das Pfannenrühren im Wok – das Wokken – geht schnell, allerdings sollte man Gemüse und Fleisch vorher in mundgerechte, kleine Stücke geschnitten haben. Der Vorteil: Man braucht nur wenig Fett, und Farbe und Aroma der Lebensmittel bleiben gut erhalten. Tipp: Zuerst das Fleisch anbraten, danach das Gemüse.

KOCHEN

Beim Kochen werden Lebensmittel wie Reis, Nudeln, Gemüse und Hülsenfrüchte, Eier, Fleisch oder Fisch direkt in die kochende Flüssigkeit (Wasser, Salzwasser, Brühe) gegeben, um die Vitamin- und Mineralstoffverluste gering zu halten. Suppenfleisch und -gemüse werden dagegen mit kaltem Wasser aufgesetzt.

SCHMOREN

Vor dem Schmoren werden Fleischstücke zuerst scharf in heißem Fett angebraten, dadurch bleibt das Fleisch saftig. Fleisch oder Rouladen werden im Topf bis zu einem Viertel mit Wasser, Brühe oder Wein bedeckt und zugedeckt im Backofen sanft geschmort. Der Vorteil: wenig Arbeit, aber viel gute Sauce.

DÜNSTEN

Beim Dünsten werden die Lebensmittel äußerst schonend im eigenen Saft unter Zugabe von wenig Fett und Flüssigkeit gegart. Empfehlenswert besonders für Gemüse und Fisch, der auf einem Gemüsebett gedünstet werden kann. Eine Sonderform ist das Dünsten von ganzen Fischen, z.B. in Alufolie.

BRATEN

Gebraten wird in Pfanne oder Backofen. Beim Kurzbraten in der Pfanne werden Fleisch- oder Fischstücke im Ganzen oder geschnetzelt in heißem Fett gebraten, bis sie gar sind. Geflügel, große Fleischstücke oder ganze Fische werden im Bräter im Backofen zubereitet und immer wieder mit etwas Flüssigkeit begossen.

DÄMPFEN

In Wasserdampf werden empfindliche Lebensmittel wie Fisch oder Gemüse gegart, die auf einem Siebeinsatz liegen und nicht mit dem Wasser direkt in Kontakt kommen. Beim Dämpfen bleiben viele wertvolle Inhaltsstoffe erhalten. Die Dämpfflüssigkeit eignet sich optimal als Grundlage für Saucen.

Step by Step

Zwiebeln schneiden

1. Den Wurzelansatz von der Zwiebel mit einem kleinen Messer abschneiden und die Schale abziehen. Die Zwiebel längs halbieren.

2. Mit der Schnittfläche auf ein Brett legen und von der Spitze bis zum Wurzelende einschneiden, nicht ganz durchschneiden.

3. Einige Male waagerecht einschneiden. Zwiebel gut festhalten und quer durchschneiden, sodass feine Würfel entstehen.

Tomaten häuten und entkernen

1. Die Haut mit dem Messer kreuzweise einritzen und die Tomate 5 bis 10 Sekunden mit einer Schaumkelle ins kochende Wasser tauchen.

2. Die Tomatenschalen mit einem kleinen, spitzen Messer vorsichtig abziehen. Danach die Tomate halbieren.

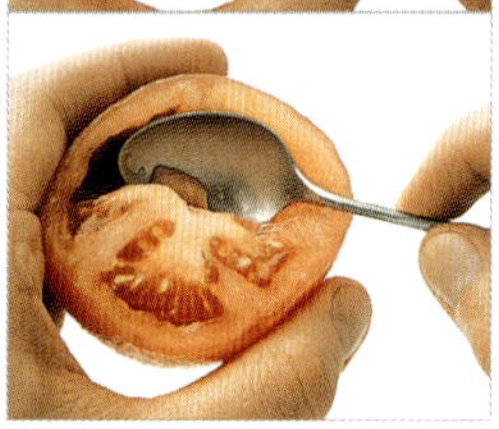

3. Das Innere der Tomate mit den Kernen mit einem Teelöffel vorsichtig aus den Tomatenhälften herausschaben.

Chilischoten waschen und zerkleinern

1. Die Chilischote mit einem scharfen Messer der Länge nach halbieren. Evtl. Einweghandschuhe anziehen.

2. Stielansätze, Kerne und weiße Innenwände mit dem spitzen Messer herausschneiden. Die Chilischote waschen und abtropfen lassen.

3. Die Chilischotenhälften in Streifen schneiden. Vorsicht: Chilischoten sind sehr scharf, deshalb die Hände nach der Arbeit gründlich abspülen.

Avocados vorbereiten

1. Avocados sind reif, wenn sie auf Druck nachgeben. Die Avocado der Länge nach halbieren und den Stein mit einem spitzen Messer herauslösen.

2. Die Avocadohälften schälen und das Fruchtfleisch in kleine Stücke schneiden. Eventuell vorhandene braune Stellen herausschneiden.

3. Das Avocadofruchtfleisch sofort mit Zitronen- oder Limettensaft beträufeln. So behalten Avocados ihre schöne Farbe und verfärben sich nicht.

Tipps & Tricks für fixe Köche

Nudeln kochen

1. Pro Liter Wasser 1 leicht gehäuften EL Salz in das kochende Wasser geben und die Pasta hinzufügen.

2. Die angegebenen Garzeiten auf den jeweiligen Nudelpackungen beachten und eine Garprobe machen.

3. Sobald die Nudeln bissfest gekocht sind, in ein entsprechend großes Sieb abgießen und kurz abtropfen lassen.

Reis kochen

1. 1 ½ l Wasser mit 1 EL Salz in einem Topf zum Kochen bringen. 200 g Langkornreis in das kochende Wasser geben.

2. Die Hitze reduzieren und den Reis zugedeckt 20 Minuten köcheln lassen. Den Reis in ein Sieb abgießen und gut abtropfen lassen.

3. Den Reis auf einem Backblech ausbreiten, damit er locker wird, und im Backofen bei 100 °C etwa 10 Minuten trocknen lassen.

Pfannkuchen backen

1. Für die Pfannkuchen oder Crêpes Mehl, Eier, Milch und Salz mit dem Schneebesen zu einem Teig verrühren.

2. Butter oder Öl portionsweise in einer Pfanne zerlassen und den Teig darin durch Schwenken verteilen.

3. Den Pfannkuchen backen, bis die Unterseite gebräunt ist. Mit einem Pfannenwender oder mithilfe eines Deckels wenden und fertig backen.

Pizzateig herstellen

1. Die Hefe und angewärmtes Wasser mit etwas Mehl in einer Tasse mit der Gabel vermischen.

2. Restliches Mehl, Salz, Öl, Hefe und Wasser mit den Rührhaken gut verkneten.

3. Danach den Teig noch einmal mit den Händen durchkneten und zugedeckt an einem warmen Ort ruhen lassen.

Frühstück

Ein guter Start in den Tag beginnt mit dem Frühstück. Ob süß oder deftig, die erste Mahlzeit am Tag lässt sich mit wenig Aufwand für die ganze Familie zubereiten.

Orangenbrötchen mit Frischkäse

Zutaten für 4 Personen

200 g körniger Frischkäse
1–2 EL Sanddornsaft
2 große Orangen
4 Vollkornbrötchen
Honig zum Beträufeln
2 EL gehackte Haselnüsse

1. Den Frischkäse in einer kleinen Schüssel mit dem Sanddornsaft verrühren.
2. Die Orangen mit einem scharfen Messer so großzügig schälen, dass auch die weiße Haut mit entfernt wird. Die Fruchtfilets zuerst aus den Trennhäuten lösen, dann in kleine Stücke schneiden.
3. Die Vollkornbrötchen aufschneiden und den Frischkäse auf den Brötchenhälften verteilen. Die Orangen darauf anrichten, mit Honig beträufeln und mit den Haselnüssen bestreuen.

TIPP:

Bei der Auswahl der Früchte können Sie ruhig etwas variieren und im Sommer zum Beispiel frische Erdbeeren oder Nektarinen (beides in dünne Scheiben geschnitten) wählen. Statt mit körnigem Frischkäse kann man die Brötchen auch mit magerem Quark bestreichen, und zum Bestreuen eignen sich auch gehackte Mandeln oder Walnüsse.

PRO PERSON: 270 kcal • **EIWEISS:** 13 g • **FETT:** 7 g • **KOHLENHYDRATE:** 38 g • **ZUBEREITUNG:** 5 Min. • **PREIS:** ca. 0,65 Euro

Tomatenbrot mit Ei und Schnittlauch

Zutaten für 4 Personen

2 hart gekochte Eier
2 kleine Tomaten
1/4 Salatgurke
1/2 Bund Schnittlauch
200 g körniger Frischkäse
4 Scheiben Vollkornbrot
Meersalz
Pfeffer aus der Mühle

1. Die hart gekochten Eier pellen und in dünne Scheiben schneiden. Die Tomaten waschen und ebenfalls in dünne Scheiben schneiden, dabei die Stielansätze entfernen.
2. Die Gurke gut waschen, trocken reiben und so schälen, dass noch einige grüne Schalenstreifen stehen bleiben. Die Gurke ebenfalls in dünne Scheiben schneiden.
3. Den Schnittlauch waschen, trocken schütteln und in Röllchen schneiden. Den Frischkäse in einer kleinen Schüssel mit 2/3 der Schnittlauchröllchen vermischen und gleichmäßig auf den Brotscheiben verteilen.
4. Die Eier-, Tomaten- und Gurkenscheiben abwechselnd auf den Broten verteilen und mit Salz und Pfeffer würzen. Die restlichen Schnittlauchröllchen darüberstreuen und die Brote servieren.

TIPP:

Sie können auch 100 g Frischkäse mit 100 g fettarmem Joghurt vermischen, die Brote damit bestreichen und dann mit der Käseseite in die Schnittlauchröllchen drücken. Anschließend die Eier-, Tomaten- und Gurkenscheiben abwechselnd darauflegen.

PRO PERSON: 215 kcal • **EIWEISS:** 15 g • **FETT:** 7 g • **KOHLENHYDRATE:** 24 g • **ZUBEREITUNG:** 10 Min. • **PREIS:** ca. 0,55 Euro

Vollkornknäcke mit Avocadoquark

Zutaten für 4 Personen

1 kleine unbehandelte Zitrone
1 Frühlingszwiebel
2 Handvoll Kräuter nach Wahl (z. B. Sauerampfer, Kerbel, Rucola)
2 kleine Avocados
2 EL Milch (fettarm)
300 g Speisequark (Magerstufe)
1 EL scharfer Senf
Meersalz
Pfeffer aus der Mühle
8 Scheiben Vollkornknäckebrot

1. Die Zitrone heiß waschen und abtrocknen. Die Schale fein abreiben, die Zitrone halbieren und den Saft auspressen. Die Frühlingszwiebel putzen, waschen und in feine Scheiben schneiden. Die Kräuter waschen, trocken schütteln, die Blätter von den Stielen zupfen und fein hacken.
2. Die Avocados halbieren, den Stein entfernen und die Hälften schälen. Das Fruchtfleisch klein schneiden und mit der abgeriebenen Zitronenschale, dem Zitronensaft, der Milch, dem Quark und dem Senf in einen hohen Rührbecher geben und mit dem Stabmixer fein pürieren.
3. Die Zwiebel und die Kräuter unterrühren und mit Salz und Pfeffer würzen. Den Avocadoquark auf den Knäckebroten verteilen und servieren.

TIPP:

Sollte der Avocadoquark etwas zu dick sein, können Sie einfach noch etwas fettarme Milch unterrühren. Anstelle von Vollkornknäckebrot kann man den Quark natürlich auch auf vier Scheiben einfaches Knäckebrot oder Vollkornbrot streichen und nach Belieben zusätzlich mit etwas Räucherfisch belegen.

PRO PERSON: 337 kcal • **EIWEISS:** 15 g • **FETT:** 22 g • **KOHLENHYDRATE:** 20 g • **ZUBEREITUNG:** 10 Min. • **PREIS:** ca. 0,75 Euro

Aprikosenpüree auf Vollkornbrot

Zutaten für 4 Personen

4 reife Aprikosen
1 EL Agavendicksaft (ersatzweise Reissirup)
125 g Speisequark (Magerstufe)
kohlensäurehaltiges Mineralwasser
4 Scheiben Vollkornbrot

1. Die Aprikosen waschen, halbieren und entsteinen. Eine Aprikose in dünne Spalten schneiden, die restlichen Aprikosen in kleine Stücke schneiden und zusammen mit dem Agavendicksaft im Mixer pürieren. Nach Belieben etwas Wasser oder Fruchtsaft dazugeben.
2. Den Quark in eine kleine Schüssel geben, etwas Mineralwasser hinzufügen und alles mit dem Schneebesen glatt rühren.
3. Den Quark gleichmäßig dick auf die Brotscheiben streichen. Etwas Aprikosenpüree darauf verteilen und mit den Aprikosenspalten garnieren.

TIPP:

Für das Fruchtpüree können Sie natürlich auch etwa 200 Gramm anderes Obst verwenden wie z. B. Pfirsiche, Nektarinen oder Beeren. Sie lassen sich ebenso gut pürieren wie Aprikosen. Im Winter eignen sich für den Fruchtaufstrich am besten getrocknete Aprikosen, die einfach zuvor über Nacht in etwas Wasser eingeweicht werden.

PRO PERSON: 131 kcal • **EIWEISS:** 7 g • **FETT:** 1 g • **KOHLENHYDRATE:** 23 g • **ZUBEREITUNG:** 10 Min. • **PREIS:** ca. 0,50 Euro

Erdbeermüsli mit frischem Getreide

Zutaten für 4 Personen

je 100 g frisch geschroteter Hafer und Weizen
250 g Naturjoghurt (fettarm)
1–2 EL Birnendicksaft (ersatzweise Ahornsirup)
300 g Erdbeeren
2 Kiwis
2 EL gehackte Mandeln

1 Das geschrotete Getreide in einer Schüssel mit 200 ml Wasser verrühren und zugedeckt über Nacht im Kühlschrank quellen lassen.

2 Am nächsten Tag den Joghurt mit dem Birnendicksaft in einer Schüssel glatt rühren. Die Erdbeeren waschen und putzen. Die Hälfte der Beeren in kleine Würfel schneiden, den Rest in Viertel. Die Kiwis schälen und in Scheiben schneiden.

3 Die Getreidemischung mit dem Joghurt und den Erdbeerwürfeln mischen und auf Müslischalen verteilen. Die Erdbeerspalten und die Kiwischeiben darauf anrichten und die gehackten Mandeln darüberstreuen.

TIPP:

Wer keine Getreidemühle zur Verfügung hat, kann Hafer und Weizen auch sehr gut portionsweise im Mixer klein schroten oder sich im Reformhaus die jeweils gewünschte Portion frisch schroten und verpacken lassen. Ersatzweise können Sie auch je 100 g Hafer- und Weizenvollkornflocken für das Müsli verwenden, die nicht über Nacht eingeweicht werden müssen. Einfach mit Joghurt und Birnendicksaft verrühren und ziehen lassen, bis das Obst geschnitten ist.

PRO PERSON: 275 kcal • **EIWEISS:** 10 g • **FETT:** 7 g • **KOHLENHYDRATE:** 42 g • **ZUBEREITUNG:** 10 Min. • **PREIS:** ca. 0,80 Euro

Trockenfrüchte mit Bananenbuttermilch

Zutaten für 4 Personen

80 g gemischte Trockenfrüchte (z. B. Pflaumen, Aprikosen, Datteln, Feigen)
8 EL Dinkelflakes (z. B. aus dem Bioladen)
1 große Banane
1 EL Zitronensaft
4 EL Magerquark
150 g Buttermilch
1 EL flüssiger Honig

1. Die Trockenfrüchte in kleine Würfel schneiden, in einer Schüssel mit Wasser bedecken und zugedeckt über Nacht im Kühlschrank quellen lassen.
2. Am nächsten Tag die Früchtewürfel in ein Sieb abgießen und abtropfen lassen, dabei das Einweichwasser auffangen.
3. Die Früchtewürfel mit den Dinkelflakes mischen und auf Müslischalen verteilen.
4. Die Banane schälen, in Scheiben schneiden, in einen Rührbecher geben und sofort mit dem Zitronensaft beträufeln. Den Magerquark, die Buttermilch, den Honig und 4 EL Einweichwasser dazugeben und alles mit dem Stabmixer fein pürieren.
5. Die Bananenbuttermilch über das Müsli verteilen und nach Belieben mit Bananenchips garnieren.

TIPP:

Statt Buttermilch können Sie auch Kefir, fettarme Dickmilch oder fettarmen Joghurt verwenden. Anstelle von Cornflakes aus Reis schmecken auch Vierkornflocken oder eine Flockenmischung gut in diesem Müsli.

PRO PERSON: 162 kcal • **EIWEISS:** 7 g • **FETT:** 1 g • **KOHLENHYDRATE:** 30 g • **ZUBEREITUNG:** 10 Min. • **PREIS:** ca. 0,50 Euro

Vitamin-C-Shake mit Zwieback

Zutaten für 4 Personen

3 unbehandelte Orangen
50 g Zwieback (am besten Dinkelzwieback)
150 ml Sanddornsaft
500 g Buttermilch
2 Stiele Zitronenmelisse

1 Die Orangen heiß abwaschen und trocken reiben. Die Schale einer halben Orange mit dem Schäler abziehen und in feine Streifen schneiden. Anschließend die Orangen halbieren und den Saft auspressen.

2 Den Zwieback fein zerbröseln. Einige größere Brösel für die Dekoration beiseite legen, den Rest in einem hohen Rührbecher mit dem Sanddornsaft, dem Orangensaft und der Buttermilch mit dem Schneebesen gut verrühren.

3 Die Zitronenmelisse waschen, trocken tupfen und die Blätter vorsichtig abzupfen. Den Vitamin-C-Shake in vier Gläser füllen und ihn mit den Zwiebackbröseln, den Streifen der Orangenschale und den Zitronenmelisseblättern garniert servieren.

TIPP:

Eine besonders schöne Farbe und einen exzellenten Geschmack erhält der Shake, wenn Sie ihn mit Blutorangen zubereiten. Sollten Sie keine Bio-Qualität erhalten, müssen Sie auf die Verwendung der Orangenschalen verzichten, da diese stark behandelt sind.

PRO PERSON: 174 kcal • **EIWEISS:** 7 g • **FETT:** 4 g • **KOHLENHYDRATE:** 26 g • **ZUBEREITUNG:** 10 Min. • **PREIS:** ca. 0,95 Euro

Möhren-Apfel-Saft mit Sanddorn

Zutaten für 4 Personen

2 große säuerliche Äpfel (z. B. Boskop)
4 EL Zitronensaft
2 Orangen
4 EL Sanddornsaft
8 EL Eiweißpulver (aus dem Reformhaus)
300 ml Möhrensaft mit Honig

1. Die Äpfel vierteln, entkernen und schälen. Die Apfelviertel auf der Gemüsereibe grob raspeln, in den Mixer geben und sofort mit Zitronensaft beträufeln.
2. Die Orangen halbieren und jeweils den Saft auspressen. Den Orangensaft mit dem Sanddornsaft zu den Apfelrapseln geben und alles im Mixer fein pürieren.
3. Das Eiweißpulver und den Möhrensaft dazugeben und durchmixen. Den Saft in Gläser füllen und nach Belieben mit Apfelspalten und Zitronenmelisseblättern garnieren.

TIPP:

Statt der Orange können Sie natürlich auch eine rosafarbene Grapefruit halbieren, den Saft auspressen und mit dem Sanddornsaft zu den Apfelraspeln geben, dann im Mixer alles fein pürieren.

PRO PERSON: 205 kcal • **EIWEISS:** 19 g • **FETT:** 2 g • **KOHLENHYDRATE:** 26 g • **ZUBEREITUNG:** 10 Min. • **PREIS:** ca. 1,25 Euro

Mittagessen

Pause machen und Kraft tanken für die zweite Tageshälfte, dabei hilft ein gesundes Mittagessen. Die folgenden Gerichte lassen sich einfach zubereiten und sind auch ideal, wenn Sie nur wenig Zeit haben.

Bohnensuppe mit Schinken und Zwiebeln

Zutaten für 4 Personen

600 g Kidneybohnen (aus der Dose)
2 Zwiebeln
50 g magerer gekochter Schinken
3 EL Olivenöl
4 EL Tomatenmark
240 g geschälte Tomaten (aus der Dose)
700 ml Fleischbrühe
Meersalz · Pfeffer aus der Mühle
Cayennepfeffer
2 große Tomaten
1 weiße Gemüsezwiebel
150 g Spiralnudeln (am besten Vollkornnudeln)

1. Die Bohnen in einem Sieb mit kaltem Wasser abbrausen und abtropfen lassen. Die Zwiebeln schälen und in feine Würfel schneiden. Den Schinken ebenfalls in Würfel schneiden.
2. Das Öl in einem Topf erhitzen und die Schinkenwürfel darin anbraten. Die Zwiebeln dazugeben und glasig dünsten.
3. Das Tomatenmark unterrühren. Die geschälten Tomaten hinzufügen und mit einer Gabel zerdrücken. Die Bohnen in den Topf geben und die Fleischbrühe dazugießen. Langsam aufkochen lassen und mit Salz, Pfeffer und Cayennepfeffer würzen.
4. Die Tomaten kreuzweise einritzen, überbrühen, häuten, halbieren und entkernen. Das Fruchtfleisch in Würfel schneiden. Die Gemüsezwiebel schälen und ebenfalls in Würfel schneiden. Tomaten- und Zwiebelwürfel in die Suppe geben und 15 Minuten bei schwacher Hitze zugedeckt köcheln lassen.
5. Die Nudeln in reichlich kochendem Salzwasser nach Packungsanweisung bissfest garen. In ein Sieb abgießen, abtropfen lassen und in die Bohnensuppe geben. Die Suppe in Schälchen oder tiefe Teller verteilen und nach Belieben mit Basilikumblättern garniert servieren.

PRO PERSON: 477 kcal • **EIWEISS:** 19 g • **FETT:** 23 g • **KOHLENHYDRATE:** 49 g • **ZUBEREITUNG:** 30 Min. • **PREIS:** ca. 0,60 Euro

Hühnersuppe mit Reis und Curry

Zutaten für 4 Personen

2 Hähnchenbrustfilets (à 250 g)
2 TL helle Sojasauce
4 EL Apfelsaft
1,2 l Hühnerbrühe
150 g Basmatireis (am besten Vollkornbasmatireis)
Meersalz
Pfeffer aus der Mühle
Currypulver

1. Die Hähnchenbrustfilets waschen, trocken tupfen und in kleine Würfel schneiden. Die Sojasauce und den Apfelsaft verrühren und das Fleisch darin etwa 30 Minuten marinieren.
2. Die Brühe in einem Topf aufkochen. Den Reis in einem Sieb unter fließendem kaltem Wasser waschen, bis das Wasser klar abläuft. Den Reis in die kochende Brühe geben und bei schwacher Hitze 15 Minuten quellen lassen.
3. Die Hähnchenfleischstücke mit der Marinade in die Brühe geben und aufkochen. Das Fleisch in der Brühe bei schwacher Hitze gar ziehen lassen, dabei gegebenenfalls noch etwas Wasser hinzufügen.
4. Die Hühnersuppe mit Salz, Pfeffer und Curry abschmecken. Die Suppe auf vier Schälchen oder tiefe Teller verteilen und nach Belieben mit Korianderblättern garnieren.

PRO PERSON: 283 kcal • **EIWEISS:** 34 g • **FETT:** 1 g • **KOHLENHYDRATE:** 33 g • **ZUBEREITUNG:** 25 Min. • **PREIS:** ca. 0,95 Euro

Gemüsesuppe mit Tofu

Zutaten für 4 Personen

500 g Mangold
1/2 Staudensellerie
1 Gemüsezwiebel
2 Knoblauchzehen
400 g Tofu (gewürfelt)
2 rote Paprikaschoten
1 rote Chilischote · 4 Tomaten
250 g grüne Bohnen · 2 Möhren
1 Avocado · 1 EL Zitronensaft
1/2 Bund Petersilie
je 1 Zweig Basilikum, Thymian und Salbei · 2 EL Olivenöl
1 l Gemüsebrühe
Meersalz · Pfeffer aus der Mühle
4 EL geriebener Parmesan

1. Den Mangold und den Sellerie putzen und waschen. Den Mangold in Streifen, den Sellerie in Scheiben schneiden. Die Zwiebel und den Knoblauch schälen und in Scheiben schneiden.
2. Die Paprikaschoten und die Chilischote längs halbieren, entkernen und waschen. Die Paprikahälften in Stücke und die Chilischote in feine Streifen schneiden.
3. Die Tomaten und die Bohnen putzen und waschen. Die Tomaten in Würfel schneiden, die Bohnen halbieren. Die Möhren putzen, schälen und klein schneiden. Die Avocado halbieren, entkernen und schälen. Das Fruchtfleisch in Spalten schneiden und sofort mit dem Zitronensaft beträufeln.
4. Die Kräuter waschen und trocken schütteln. Die Petersilienblätter von den Stielen zupfen und fein hacken.
5. Das Öl in einem großen Topf erhitzen und die Zwiebel, den Knoblauch, die Chilistreifen und die Tofuwürfel darin andünsten. Mangold, Staudensellerie, Paprikaschoten, Bohnen und Möhren hinzufügen und die Gemüsebrühe dazugießen. Die Kräuterzweige dazugeben, die Suppe mit Salz, Pfeffer und Paprika würzen und etwa 10 Minuten kochen.
6. Die Tomatenwürfel und die Avocadospalten zur Suppe geben und 5 Minuten leicht kochen lassen. Die Petersilie untermischen und die Suppe mit geriebenem Parmesan servieren.

PRO PERSON: 260 kcal • **EIWEISS:** 10 g • **FETT:** 19 g • **KOHLENHYDRATE:** 13 g • **ZUBEREITUNG:** 20 Min. • **PREIS:** ca. 1,40 Euro

Fusilli mit Tomaten-Thunfisch-Sauce

Zutaten für 4 Personen

4 Fleischtomaten
1/2 Bund Basilikum
1 Dose Thunfisch im eigenen Saft (150 g Abtropfgewicht)
4 EL Olivenöl
2 EL weißer Aceto balsamico
2 Knoblauchzehen
Meersalz · Pfeffer aus der Mühle
400 g Fusilli
(am besten Vollkornnudeln)

1. Die Tomaten kreuzweise einritzen, überbrühen, häuten, entkernen und das Fruchtfleisch in Würfel schneiden. Die Hälfte der Tomaten mit dem Stabmixer pürieren.
2. Das Basilikum waschen, trocken schütteln, die Blätter von den Stielen zupfen und in feine Streifen schneiden. Den Thunfisch in ein Sieb abgießen und gut abtropfen lassen.
3. Die Tomatenwürfel und das -püree mit dem Olivenöl und dem Essig mischen. Den Knoblauch schälen und dazupressen. Alles mit Salz und Pfeffer würzen.
4. Den Thunfisch mit der Gabel leicht zerpflücken. Den Thunfisch und die Basilikumstreifen unter die Tomatenmasse heben.
5. Die Fusilli in reichlich kochendem Salzwasser nach Packungsanweisung bissfest garen. In ein Sieb abgießen und gut abtropfen lassen.
6. Die kalte Tomaten-Thunfisch-Sauce unter die heißen Nudeln mischen und sofort servieren.

PRO PERSON: 504 kcal • **EIWEISS:** 24 g • **FETT:** 12 g • **KOHLENHYDRATE:** 74 g • **ZUBEREITUNG:** 20 Min. • **PREIS:** ca. 0,80 Euro

Asia-Nudeln mit Ingwer und Tofu

Zutaten für 4 Personen

Meersalz
200 g chinesische Eiernudeln
2 Stängel Zitronengras
20 g Ingwer
4 Knoblauchzehen
je 1 TL Kurkuma-, Koriander- und Kreuzkümmelpulver
2 TL Sambal Oelek
100 g Frühlingszwiebeln
1 rote Paprikaschote
100 g Austernpilze
600 g Tofu
1 EL Erdnussöl
400 ml ungesüßte Kokosmilch

1. Reichlich Salzwasser in einem Topf zum Kochen bringen und die Nudeln darin nach Packungsanweisung garen. In ein Sieb abgießen, kalt abschrecken und dann gut abtropfen lassen.
2. Vom Zitronengras die welken Außenblätter und die obere, trockene Hälfte entfernen. Die untere Hälfte fein hacken. Den Ingwer und die Knoblauchzehen schälen und fein hacken.
3. Zitronengras, Ingwer und Knoblauch im Mörser zerreiben. Kurkuma, Koriander, Kreuzkümmel, Sambal Oelek und Salz untermischen und alles zu einer Würzpaste verrühren.
4. Die Frühlingszwiebeln putzen, waschen und in Ringe schneiden. Die Paprikaschote längs halbieren, entkernen und waschen. Die Paprikahälften in Würfel schneiden. Die Austernpilze mit Küchenpapier trocken abreiben und in Streifen schneiden. Den Tofu waschen, trocken tupfen und in Würfel schneiden.
5. Den Wok erhitzen und das Öl hineingeben. Die Würzpaste unter ständigem Rühren etwa 1 Minute anrösten. Gemüse und Pilze hinzufügen und etwa 4 Minuten unter Rühren braten.
6. Die Nudeln, die Kokosmilch und den Tofu untermischen und heiß werden lassen.

PRO PERSON: 540 kcal • **EIWEISS:** 22 g • **FETT:** 29 g • **KOHLENHYDRATE:** 44 g • **ZUBEREITUNG:** 20 Min. • **PREIS:** ca. 1,95 Euro

Linsenbratlinge mit Gurkensalat

Zutaten für 4 Personen

250 g rote Linsen
Meersalz
100 g Frühlingszwiebeln
20 g Ingwer
2 Eigelb
100 g Paniermehl
1/2 TL Kreuzkümmelpulver
Pfeffer aus der Mühle
1 Chilischote
1/2 Bund Koriander
1/2 Zitrone
2 EL Sojasauce
4 EL Öl
2 Salatgurken

1. Die Linsen etwa 10 Minuten in Salzwasser garen, auf einem Sieb abtropfen lassen und mit dem Stabmixer fein pürieren.
2. Die Frühlingszwiebeln putzen, waschen und in Ringe schneiden. Den Ingwer schälen und in feine Würfel schneiden. Die Hälfte der Frühlingszwiebeln, Ingwer, Eigelb und Paniermehl unter die Linsen mischen. Mit Kreuzkümmel, Salz und Pfeffer würzen.
3. Die Chilischote längs halbieren, entkernen, waschen und in feine Würfel schneiden. Den Koriander waschen und trocken schütteln, die Blätter abzupfen und fein hacken. Die Zitrone auspressen.
4. Die restlichen Frühlingszwiebeln mit den Chiliwürfeln, Koriander, Zitronensaft, Sojasauce und 2 EL Öl zu einer Marinade verrühren.
5. Die Gurken gründlich waschen und in feine Scheiben schneiden oder hobeln. Mit der Marinade mischen und mit Salz und Pfeffer abschmecken.
6. Aus der Linsenmasse kleine Bällchen formen und etwas flach drücken. In einer großen Pfanne das restliche Öl erhitzen und die Linsen-Ingwer-Küchlein darin rundum goldbraun braten. Die Küchlein aus der Pfanne nehmen und mit dem Gurkensalat anrichten.

PRO PERSON: 391 kcal • **EIWEISS:** 20 g • **FETT:** 10 g • **KOHLENHYDRATE:** 54 g • **ZUBEREITUNG:** 25 Min. • **PREIS:** ca. 0,90 Euro

Gebratene Kartoffeln mit Thunfisch-Dip

Zutaten für 4 Personen

1,2 kg neue Kartoffeln
3 Dosen Thunfisch (im eigenen Saft; à 150 g Abtropfgewicht)
1 unbehandelte Zitrone
300 g Naturjoghurt (fettarm)
4 EL Salatmayonnaise
Meersalz
Pfeffer aus der Mühle
3 EL Kapern
1/2 Bund Petersilie
2 EL Olivenöl
1 EL Butter

1. Die Kartoffeln unter fließendem Wasser gründlich waschen und bei Bedarf abbürsten. Die Kartoffeln in der Schale in wenig Wasser etwa 25 Minuten zugedeckt garen. Dann in ein Sieb abgießen, gut abtropfen lassen, zurück in den Topf geben und zugedeckt warm halten.
2. Inzwischen den Thunfisch in ein Sieb abgießen und etwas abtropfen lassen. Die Zitrone heiß waschen und mit einem Küchentuch trocken reiben. Die Schale fein abreiben und die Zitrone auspressen.
3. Den Joghurt mit der Mayonnaise und dem Saft der Zitrone in einer Schüssel glatt rühren. Den Thunfisch mit einer Gabel etwas zerpflücken und unterrühren. Den Dip mit Salz und Pfeffer abschmecken, dann die Kapern unterheben.
4. Die Petersilie waschen und trocken schütteln. Einige Blätter für die Dekoration abzupfen und beiseite legen, den Rest grob hacken.
5. Öl und Butter in einer Pfanne erhitzen und die Kartoffeln darin kurz anbraten. Zum Schluss die abgeriebene Zitronenschale und die gehackte Petersilie dazugeben. Die Kartoffeln mit Salz und Pfeffer würzen.
6. Die Petersilienkartoffeln mit dem Thunfisch-Dip anrichten. Nach Belieben Zitronenachtel dazureichen und mit Petersilienblättern garniert servieren.

TIPP:

Probieren Sie den Thunfisch-Dip mal auf gerösteten Brotscheiben. Wenn Sie ihn lieber etwas cremiger mögen, pürieren Sie ihn einfach, bevor Sie die Kapern dazugeben.

PRO PERSON: 473 kcal • **EIWEISS:** 39 g • **FETT:** 15 g • **KOHLENHYDRATE:** 43 g • **ZUBEREITUNG:** 30 Min. • **PREIS:** ca. 1,15 Euro

Lachs mit Gemüsepuffer

Zutaten für 4 Personen

2 mittelgroße Zucchini
(etwa 400 g)
600 g Möhren
1 Bund Petersilie
2 Eier
2 EL Vollkornmehl
2 EL Vollkornhaferflocken
2 EL Zitronensaft
Meersalz · Pfeffer aus der Mühle
2 EL Rapsöl · 1 EL Sesamöl
600 g Lachsfilet

1. Die Zucchini putzen und waschen, die Möhren putzen und schälen. Das Gemüse auf der Küchenreibe grob raspeln. Die Petersilie waschen und trocken schütteln, die Blätter von den Stielen zupfen und fein hacken.
2. Die Gemüseraspel mit der Petersilie, den Eiern, dem Mehl, den Haferflocken und 1 EL Zitronensaft vermischen. Die Gemüse-Ei-Masse mit Salz und Pfeffer würzen.
3. Das Rapsöl in einer beschichteten Pfanne erhitzen. Aus der Gemüsemasse mit einem Esslöffel kleine Portionen abstechen und in der Pfanne glatt streichen. Die Gemüsepuffer auf beiden Seiten goldbraun braten. Die Puffer auf Küchenpapier abtropfen lassen und im Backofen warm halten, bis alle gebraten sind.
4. Das Lachsfilet waschen, mit Küchenpapier trocken tupfen und in vier Portionsstücke teilen. Den Lachs mit dem restlichen Zitronensaft beträufeln und salzen.
5. Das Sesamöl in einer Pfanne erhitzen und den Lachs darin auf beiden Seiten etwa 3 Minuten braten. Mit den knusprigen Gemüsepuffern anrichten und servieren.

PRO PERSON: 370 kcal • **EIWEISS:** 35 g • **FETT:** 20 g • **KOHLENHYDRATE:** 10 g • **ZUBEREITUNG:** 30 Min. • **PREIS:** ca. 1,75 Euro

Zucchini-Eierkuchen mit Sprossen

Zutaten für 4 Personen

1 Zwiebel
350 g Zucchini
1 EL Öl · 2 EL Butter
6 Eier · 6 EL Milch (fettarm)
Meersalz · Pfeffer aus der Mühle
1 getrocknete Chilischote (zerstoßen)
100 g gemischte Sprossen
150 g Naturjoghurt (fettarm)
1 EL gehackter Dill
1 El gehackte Petersilie
2 EL Orangensaft
1 Knoblauchzehe

1. Die Zwiebel schälen und in feine Würfel schneiden. Die Zucchini putzen, waschen und in dünne Scheiben schneiden. Das Öl und die Butter in einer tiefen Pfanne erhitzen und die Zwiebel darin andünsten. Die Zucchinischeiben dazugeben und etwa 5 Minuten braten.
2. Die Eier und die Milch in einer Schüssel mit dem Schneebesen gründlich verquirlen und mit 1/2 TL Salz und Pfeffer würzen.
3. Die Zucchinischeiben in der Pfanne mit Salz, Pfeffer und Chili kräftig würzen. Die Eiermilch dazugießen und alles zugedeckt bei kleiner Hitze etwa 15 Minuten stocken lassen.
4. Inzwischen die Sprossen in einem Sieb mit kochendem Wassser übergießen und gut abtropfen lassen.
5. Den Joghurt in einer kleinen Schüssel mit dem Dill, der Petersilie und dem Orangensaft verrühren. Den Knoblauch schälen und dazupressen, die Joghurtsauce mit Salz und Pfeffer abschmecken.
6. Den Zucchini-Eierkuchen aus der Pfanne nehmen, in Stücke teilen und mit den gemischten Sprossen anrichten. Dazu die Joghurt-Kräuter-Sauce reichen.

PRO PERSON: 258 kcal • **EIWEISS:** 16 g • **FETT:** 18 g • **KOHLENHYDRATE:** 7 g • **ZUBEREITUNG:** 35 Min. • **PREIS:** ca. 0,65 Euro

Omelett mit Paprikagemüse

Zutaten für 4 Personen

2 rote Paprikaschoten
2 große weiße Zwiebeln
6 EL Olivenöl
1 TL Reissirup
(aus dem Bioladen)
Meersalz
Pfeffer aus der Mühle
5 Eier
200 ml Milch (fettarm)
2 EL frisch geriebener
Parmesan

1 Die Paprikaschoten längs halbieren, entkernen, waschen und der Länge nach in feine Streifen schneiden. Die Zwiebeln schälen und dann ebenfalls der Länge nach in dünne Streifen schneiden.

2 In einer Pfanne 2 EL Öl erhitzen, die Paprika- und die Zwiebelstreifen kurz darin anbraten und den Reissirup dazugeben. Die Hitze reduzieren und das Gemüse zugedeckt 15 Minuten dünsten. Dabei gelegentlich umrühren. Das Paprikagemüse mit Salz und Pfeffer würzen. Den Backofen auf 100 °C vorheizen.

3 Die Eier in einer Schüssel mit dem Schneebesen verquirlen. Milch, Parmesan, Salz und Pfeffer unterrühren. In einer großen Pfanne jeweils 1 EL Öl erhitzen und aus der Eiermasse nacheinander 4 Omeletts backen. Die Omeletts im heißen Backofen warm halten, bis alle gebacken sind.

4 Die Omeletts auf vorgewärmte Teller verteilen, mit dem Gemüse belegen und nach Belieben mit frischen Salbeiblättern bestreuen. Die Omeletts zusammenklappen, kräftig mit Pfeffer würzen und servieren.

PRO PERSON: 345 kcal • **EIWEISS:** 15 g • **FETT:** 26 g • **KOHLENHYDRATE:** 12 g • **ZUBEREITUNG:** 30 Min. • **PREIS:** ca. 0,65 Euro

Brötchen mit Kräuterrührei

Zutaten für 4 Personen

4 frische Brötchen
5 Eier
Meersalz
Pfeffer aus der Mühle
150 g junger Löwenzahn (ersatzweise Rucola oder Schnittlauch)
2 TL Butter

1. Den Backofen auf 80 °C vorheizen. Von den Brötchen im oberen Drittel einen Deckel abschneiden, den unteren Teil aushöhlen. Die Brötchen samt Deckel im Backofen erwärmen.
2. Die Eier in eine Schüssel aufschlagen, mit dem Schneebesen gut verrühren und mit Salz und Pfeffer kräftig würzen.
3. Den Löwenzahn verlesen, waschen und gut abtropfen lassen. Ein paar schöne Blätter für die Dekoration beiseite legen, den Rest fein hacken und anschließend unter die verquirlten Eier mischen.
4. Die Butter in einer beschichteten Pfanne zerlassen, die Eiermasse dazugeben. Unter Rühren stocken lassen, mit Salz und Pfeffer abschmecken. Das Rührei in die Brötchen füllen.
5. Die gefüllten Brötchen mit dem restlichen Löwenzahn garnieren, dann die Deckel auflegen und sofort servieren.

TIPP:

Gelegentlich kann man auch 50 g mageren Schinkenspeck in feine Streifen schneiden, in der Pfanne kross braten und über das Rührei streuen.

PRO PERSON: 284 kcal • **EIWEISS:** 15 g • **FETT:** 12 g • **KOHLENHYDRATE:** 29 g • **ZUBEREITUNG:** 25 Min. • **PREIS:** ca. 0,60 Euro

Reispfanne mit Rinderhack

Zutaten für 4 Personen

4 kleine Tomaten
1 rote Paprikaschote
2 Stangen Staudensellerie
1/2 Salatgurke
1 EL Öl
400 g Rinderhackfleisch
120 g Vollkornreis
Meersalz
Pfeffer aus der Mühle
Paprikapulver
400 ml Fleischbrühe
1 Bund Schnittlauch

1. Die Tomaten kreuzweise einritzen, überbrühen, häuten und vierteln. Die Paprikaschote längs halbieren, entkernen und waschen. Die Paprikahälften in Streifen schneiden.
2. Den Staudensellerie putzen, waschen und die Stangen in Scheiben schneiden. Die Gurke schälen, längs halbieren und die Kerne mit einem Teelöffel herausschaben. Die Gurkenhälften in kleine Würfel schneiden.
3. Das Öl in einem weiten Topf oder in einer hohen beschichteten Pfanne erhitzen und das Hackfleisch darin krümelig anbraten. Dann den Reis und das Gemüse dazugeben und kurz mitbraten. Mit Salz, Pfeffer und Paprika würzen, anschließend die Fleischbrühe dazugießen.
4. Die Reispfanne zugedeckt bei schwacher Hitze 25 Minuten garen, dabei gelegentlich umrühren und bei Bedarf noch etwas Brühe oder Wasser nachgießen.
5. Den Schnittlauch waschen, trocken schütteln und in feine Röllchen schneiden. Die fertig gegarte Reispfanne mit dem Schnittlauch bestreuen und servieren.

TIPP:

Statt Rinderhackfleisch können Sie auch gemischtes Hackfleisch oder Lammhackfleisch verwenden. Anstelle der Salatgurke schmeckt auch ein halber Zucchino oder eine halbe Aubergine gut dazu.

PRO PERSON: 389 kcal • **EIWEISS:** 28 g • **FETT:** 18 g • **KOHLENHYDRATE:** 29 g • **ZUBEREITUNG:** 45 Min. • **PREIS:** ca. 1,15 Euro

Schweinesteaks mit Zucchini

Zutaten für 4 Personen

5 kleine Zucchini
2 EL Öl
Meersalz · Pfeffer aus der Mühle
150 ml Gemüsebrühe
4 EL saure Sahne
4 Minutensteaks vom Schwein (à 120 g)

1. Die Zucchini putzen, waschen und in dünne Scheiben schneiden.
2. Das Öl in einer Pfanne erhitzen und die Zucchinischeiben darin unter gelegentlichem Rühren 3 bis 4 Minuten anbraten. Die Zucchini mit Salz und Pfeffer würzen.
3. Die Hitze reduzieren, die Brühe dazugießen und die Zucchini zugedeckt kurz köcheln lassen, bis sie gerade weich sind. Zum Schluss die saure Sahne unterrühren.
4. Die Minutensteaks waschen und mit Küchenpapier trocken tupfen. Das restliche Öl in einer zweiten Pfanne erhitzen und die Steaks darin auf jeder Seite 2 bis 3 Minuten braten. Dann mit Salz und Pfeffer würzen.
5. Das Zucchinigemüse mit den Steaks auf Tellern anrichten und nach Belieben mit Schnittlauchröllchen garnieren. Dazu passt am besten Kartoffelpüree.

TIPP:

Servieren Sie dazu einen Kopfsalat mit einem Dressing aus 2 EL Apfelessig, 3 EL Gemüsebrühe und 1 EL Sonnenblumenöl, Meersalz und Pfeffer aus der Mühle.

PRO PERSON: 216 kcal • **EIWEISS:** 28 g • **FETT:** 10 g • **KOHLENHYDRATE:** 2 g • **ZUBEREITUNG:** 20 Min. • **PREIS:** ca. 1,40 Euro

Ratatouille mit Lammfleisch

Zutaten für 4 Personen

600 g mageres Lammfleisch
5 getrocknete und in Öl eingelegte Tomaten
4 Knoblauchzehen · 2 Zwiebeln
4 kleine Auberginen (etwa 1 kg)
2 kleine Zucchini · 1 EL Olivenöl
900 ml Gemüsebrühe
Meersalz · Pfeffer aus der Mühle
2 Lorbeerblätter
4 große Tomaten
12 schwarze Oliven
4 EL geriebener Parmesan

1. Das Lammfleisch waschen, mit Küchenpapier trocken tupfen und in Würfel schneiden. Die getrockneten Tomaten in einem kleinen Sieb abtropfen lassen, dabei das Öl auffangen.
2. Die Knoblauchzehen und die Zwiebel schälen und mit den getrockneten Tomaten klein schneiden. Die Auberginen und die Zucchini putzen, waschen und in Scheiben schneiden.
3. Das Tomaten- und das Olivenöl in einer weiten Pfanne erhitzen und die Zwiebeln und den Knoblauch darin andünsten. Das Lammfleisch dazugeben, unter Rühren scharf anbraten, wieder herausnehmen und beiseite stellen.
4. Die Auberginen- und Zucchinischeiben portionsweise zum Bratfett in die Pfanne geben und anbraten. Das Fleisch, die getrockneten Tomaten, die Zwiebeln und den Knoblauch untermischen und die Brühe dazugießen. Mit Salz und Pfeffer würzen, die Lorbeerblätter hinzufügen und alles zugedeckt bei mittlerer Hitze etwa 10 Minuten kochen.
5. Die frischen Tomaten waschen, klein schneiden und mit den schwarzen Oliven in der Ratatouille heiß werden lassen. Die Ratatouille mit Salz und Pfeffer abschmecken und mit dem Parmesan bestreut servieren.

PRO PERSON: 396 kcal • **EIWEISS:** 38 g • **FETT:** 21 g • **KOHLENHYDRATE:** 14 g • **ZUBEREITUNG:** 40 Min. • **PREIS:** ca. 3,- Euro

Chili con Carne mit Möhren und Sellerie

Zutaten für 4 Personen

2 Zwiebeln
2 rote Chilischoten
200 g Möhren
2 Selleriestangen (120 g)
1 Dose Kidneybohnen
(250 g Abtropfgewicht)
2 EL Öl
400 g Rinderhackfleisch
Meersalz
Pfeffer aus der Mühle
Cayennepfeffer
2 Knoblauchzehen
5 EL Tomatenmark
600 ml Gemüsebrühe

1. Die Zwiebeln schälen. Die Chilischoten längs halbieren, entkernen und waschen. Die Zwiebeln und die Chilihälften in kleine Würfel schneiden.
2. Die Möhren putzen und schälen, die Selleriestangen putzen und waschen. Beides ebenfalls in kleine Würfel schneiden. Die Kidneybohnen in ein Sieb abgießen, kalt abbrausen und gut abtropfen lassen.
3. Das Öl in einem großen Topf erhitzen. Zwiebel- und Chiliwürfel dazugeben und bei mittlerer Hitze etwa 2 Minuten andünsten. Das Hackfleisch hinzufügen und bei starker Hitze unter Rühren etwa 5 Minuten anbraten.
4. Die Möhren- und die Selleriewürfel hinzufügen und das Chili mit Salz, Pfeffer und Cayennepfeffer würzen. Den Knoblauch schälen und durch die Presse dazudrücken. Das Tomatenmark unterrühren. Die Brühe dazugießen, alles gut verrühren und etwa 10 Minuten köcheln lassen.
5. Die Kidneybohnen hinzufügen und kurz erwärmen. Das Chili con Carne mit Salz und Pfeffer abschmecken.

TIPP:

Besonders gut kann dazu Vollkorn-Baguette gegessen werden. Wer mag, kann auch noch frisch geriebenen Cheddar-Käse über das Chili streuen.

PRO PERSON: 380 kcal • **EIWEISS:** 30 g • **FETT:** 22 g • **KOHLENHYDRATE:** 15 g • **ZUBEREITUNG:** 35 Min. • **PREIS:** ca. 0,90 Euro

Paprikasalat mit Hähnchenbrust

Zutaten für 4 Personen

je 2 rote, gelbe und grüne Paprikaschoten
2 unbehandelte Zitronen
Meersalz
Pfeffer aus der Mühle
2 TL Reissirup (aus dem Bioladen)
2 EL Haselnussöl
100 g Rucola
500 g Hähnchenbrustfilet
1 EL Rapsöl

1 Den Backofengrill einschalten. Die Paprikaschoten längs halbieren, entkernen und waschen. Mit der Hautseite nach oben auf ein mit Backpapier belegtes Backblech legen. Im Backofen auf der mittleren Schiene 15 Minuten grillen oder bei 250 °C 20 Minuten backen, bis die Haut dunkel ist und Blasen wirft.

2 Die Paprikaschoten mit einem feuchten Küchentuch abdecken, etwas abkühlen lassen und häuten. Dann die Paprikahälften in breite Streifen schneiden.

3 Die Zitronen waschen und abtrocknen. Die Schale fein abreiben und den Saft auspressen. Beides mit Salz, Pfeffer, Reissirup und dem Nussöl gut verrühren. Das Dressing über die Paprikaschoten träufeln und ziehen lassen.

4 Rucola putzen, waschen, trocken schütteln und die groben Stiele entfernen. Das Hähnchenfleisch waschen, trocken tupfen und im heißen Rapsöl etwa 10 Minuten rundum braten. Aus der Pfanne nehmen, mit Salz und Pfeffer würzen und schräg in Scheiben schneiden.

5 Den Rucola auf Tellern anrichten, den Paprikasalat daraufgeben und die Hähnchenbrustscheiben dazuservieren. Dazu passt am besten Vollkornbrot.

PRO PERSON: 285 kcal • **EIWEISS:** 34 g • **FETT:** 10 g • **KOHLENHYDRATE:** 14 g • **ZUBEREITUNG:** 35 Min. • **PREIS:** ca. 1,80 Euro

Thunfischsalat mit Paprika und Kresse

Zutaten für 4 Personen

je 1 grüne und rote Paprikaschote
4 Tomaten
1 Gemüsezwiebel
400 g Thunfisch (in Öl, aus der Dose)
1 Kästchen Gartenkresse
Meersalz
Pfeffer aus der Mühle
2 EL Walnusskerne

1. Die Paprikaschoten längs halbieren, entkernen und waschen. Die Paprikahälften in kleine Würfel schneiden. Die Tomaten waschen, halbieren, entkernen und das Fruchtfleisch ebenfalls in kleine Würfel schneiden.
2. Die Zwiebel schälen, längs halbieren und die Hälften in feine Streifen schneiden.
3. Vom Thunfisch etwas Öl abgießen, den Thunfisch in eine Salatschüssel geben und mit der Gabel leicht zerpflücken. Die Gartenkresse vom Beet schneiden, waschen und gut abtropfen lassen.
4. Die Paprika- und Tomatenwürfel, einen Großteil der Zwiebeln und der Kresse mit dem Thunfisch vermischen und mit Salz und Pfeffer würzen. Den Salat auf Teller verteilen und mit den restlichen Zwiebelstreifen und Kresseblättchen sowie den Walnusskernen garnieren. Mit Vollkorntoast servieren.

TIPP:

Mit 2 EL Zitronensaft können Sie dem Salat zusätzlich etwas Frische und eine Extraportion Vitamin C verleihen.

PRO PERSON: 295 kcal • **EIWEISS:** 24 g • **FETT:** 19 g • **KOHLENHYDRATE:** 6 g • **ZUBEREITUNG:** 15 Min. • **PREIS:** ca. 0,95 Euro

Rapunzelsalat mit Äpfeln und Croûtons

Zutaten für 4 Personen

150 g Rapunzel- bzw. Feldsalat
200 g Champignons
1 großer rotschaliger Apfel (z. B. Braeburn)
1 EL Apfelessig
2 EL Orangensaft
1 TL Dijon-Senf
1 TL Reissirup (aus dem Bioladen)
Meersalz
Pfeffer aus der Mühle
3 EL Olivenöl
40 g Walnusskerne
3 Scheiben Schwarzbrot
75 g Gorgonzola

1. Den Salat putzen, waschen und trocken schütteln. Die Champignons putzen, mit Küchenpapier trocken abreiben und in Scheiben schneiden.
2. Den Apfel waschen, vierteln, entkernen und längs in dünne Spalten schneiden.
3. Für die Vinaigrette den Essig und den Orangensaft mit Senf, Reissirup, Salz und Pfeffer verrühren. Dann das Öl nach und nach mit dem Schneebesen unterschlagen.
4. Die Salatblätter, die Apfelspalten und die Pilze auf Teller oder Schälchen verteilen und mit der Vinaigrette beträufeln. Den Salat mit den Walnusskernen bestreuen.
5. Den Backofengrill einschalten. Die Schwarzbrotscheiben entrinden und diagonal vierteln. Den Gorgonzola in kleine Stücke schneiden und auf den Brotecken verteilen.
6. Die Brote auf ein mit Backpapier belegtes Blech setzen und unter dem Backofengrill etwa 2 Minuten rösten, bis der Käse zu schmelzen beginnt. Die Käse-Croûtons auf dem Salat anrichten.

TIPP:

Da der Apfel ungeschält in Spalten geschnitten wird, sollten Sie nach Möglichkeit eine Frucht aus biologischem Anbau verwenden. Auch eine Birne passt sehr gut zu diesem Salat: Einfach wie den Apfel in feine Spalten schneiden und mit den Salatblättern und den Pilzen auf Teller verteilen.

PRO PERSON: 230 kcal • **EIWEISS:** 7 g • **FETT:** 14 g • **KOHLENHYDRATE:** 18 g • **ZUBEREITUNG:** 30 Min. • **PREIS:** ca. 1,10 Euro

Couscous-Gemüse-Salat mit Feta

Zutaten für 4 Personen

400 g Couscous (Weizengrieß)
Meersalz
3 Tomaten
1 große rote Zwiebel
2 Knoblauchzehen
100 g Feta (Schafskäse)
1/2 Bund Minze
3 EL Weißweinessig
1/2 TL Korianderpulver
Pfeffer aus der Mühle
3 EL Olivenöl
1 EL gehackte Pistazienkerne
2 EL ungesalzene Erdnusskerne

1. Den Couscous mit 400 ml kochendem Salzwasser übergießen und etwa 5 Minuten quellen lassen. Den Couscous dabei mit einer Gabel mehrmals auflockern.
2. Die Tomaten waschen, vierteln, entkernen und in Würfel schneiden. Die Zwiebel schälen, längs halbieren und in dünne Spalten schneiden. Den Knoblauch schälen und in feine Würfel schneiden. Den Schafskäse in kleine Würfel schneiden oder zerbröckeln. Die Minze waschen und trocken schütteln, die Blätter von den Stielen zupfen. Einige Blätter für die Dekoration beiseite legen, den Rest hacken.
3. Für die Vinaigrette den Essig mit Koriander, Salz und Pfeffer verrühren, nach und nach das Öl unterschlagen. Die Vinaigrette nochmals abschmecken. Die Tomatenwürfel, den Knoblauch und die Zwiebelspalten mit der Vinaigrette mischen. Den Couscous unterrühren.
4. Schafskäse, Minze, Pistazien und Erdnüsse locker unterheben und den Couscous-Salat mit den Minzeblättern garnieren. Vor dem Servieren noch einige Minuten ziehen lassen.

TIPP:

Für diesen Salat eignet sich auch Bulgur, die etwas gröbere Weizengrießvariante aus dem Vorderen Orient, die im Gegensatz zu Couscous den Getreidekeim sowie die Randschichten des vollen Korns enthält.

PRO PERSON: 486 kcal • **EIWEISS:** 15 g • **FETT:** 15 g • **KOHLENHYDRATE:** 72 g • **ZUBEREITUNG:** 25 Min. • **PREIS:** ca. 0,90 Euro

Chefsalat mit Früchten und Putenstreifen

Zutaten für 4 Personen

400 g gemischter Blattsalat (z. B. Eissalat, Romanasalat, Eichblattsalat, Rucola)
2 Birnen
2 EL Zitronensaft
1 Orange
je 1 kleiner Bund Petersilie, Schnittlauch und Zitronenmelisse
1/2 TL Ahornsirup
1 EL Weißweinessig
1 TL Distelöl · 1 TL Walnussöl
Meersalz · Pfeffer aus der Mühle
400 g Putenschnitzel
1 EL Sonnenblumenöl

1. Die Blattsalate putzen, waschen und trocken schleudern. Die Salatblätter in mundgerechte Stücke zupfen und in eine Schüssel geben.
2. Die Birnen vierteln, entkernen, schälen, das Fruchtfleisch in Spalten schneiden und mit dem Zitronensaft beträufeln. Die Orange mit einem scharfen Messer so großzügig schälen, dass auch die weiße Haut mit entfernt wird. Die Fruchtfilets aus den Trennhäuten schneiden, dabei den austretenden Saft auffangen.
3. Die Kräuter waschen und trocken schütteln. Die Petersilien- und Zitronenmelisseblätter von den Stielen zupfen. Die Petersilie fein hacken, den Schnittlauch in Röllchen schneiden.
4. Für das Dressing den Orangensaft mit dem Ahornsirup, dem Essig und den Ölen in einer weiteren Schüssel verrühren und mit Salz und Pfeffer würzen. Die Petersilie und den Schnittlauch untermischen.
5. Das Putenfleisch waschen und mit Küchenpapier trocken tupfen. Das Sonnenblumenöl in einer Pfanne erhitzen und das Fleisch darin auf beiden Seiten etwa 3 Minuten braten.
6. Das Obst zu den Blattsalaten geben, mit dem Dressing übergießen, alles gut mischen und mit den Zitronenmelisseblättern garnieren. Das Fleisch in Streifen schneiden und auf dem Salat anrichten. Dazu Vollkornbrot reichen.

PRO PERSON: 239 kcal • **EIWEISS:** 27 g • **FETT:** 7 g • **KOHLENHYDRATE:** 8 g • **ZUBEREITUNG:** 25 Min. • **PREIS:** ca. 1,35 Euro

Chicorée-Orangen-Salat mit Pute

Zutaten für 4 Personen

300 g Putenbrustfilet
Meersalz
Pfeffer aus der Mühle
1 EL Öl
4 EL Zitronensaft
Paprikapulver (edelsüß)
4 Stauden Chicorée
4 Orangen

1. Die Putenbrust waschen und trocken tupfen, mit Salz und Pfeffer würzen. In einer Pfanne das Öl erhitzen und die Putenbrust darin auf beiden Seiten etwa 5 Minuten goldbraun braten, dann beiseite stellen.
2. Den Zitronensaft mit Salz, Pfeffer und 1 Prise Paprika verrühren. Die Putenbrust mit der Marinade beträufeln und 15 Minuten darin ziehen lassen.
3. Inzwischen den Chicorée putzen, waschen und halbieren, die Strünke keilförmig herausschneiden. Den unteren Teil in Scheiben schneiden und die oberen Chicoréeblätter auf Tellern anrichten.
4. Die Orangen mit einem scharfen Messer so großzügig schälen, dass auch die weiße Haut mit entfernt wird. Die Fruchtfilets aus den Trennhäuten schneiden.
5. Das Putenfleisch in kleine Würfel schneiden und mit den Orangenfilets und den Chicoréescheiben mischen. Mit etwas Paprika, Salz und Pfeffer würzen und auf Tellern anrichten.

TIPP:

Sie können diesen Salat natürlich auch mit Hähnchenfleisch zubereiten. Dafür 300 g Hähnchenbrustfilet (ohne Haut) anbraten, marinieren und in kleine Würfel schneiden.

PRO PERSON: 206 kcal • **EIWEISS:** 21 g • **FETT:** 4 g • **KOHLENHYDRATE:** 19 g • **ZUBEREITUNG:** 25 Min. • **PREIS:** ca. 1,30 Euro

Radieschen-Käse-Salat auf Brötchen

Zutaten für 4 Personen

250 g Bergkäse
100 g Radieschen
4 Frühlingszwiebeln
2 EL Zitronensaft
2 EL Apfelessig · 1 EL Sojaöl
Meersalz
weißer Pfeffer aus der Mühle
8 Blätter Kopfsalat
4 Roggenbrötchen (am besten Vollkornroggenbrötchen)
4 TL Butter

1. Den Käse in feine Streifen schneiden. Die Radieschen putzen und waschen, zunächst in Scheiben, dann in Streifen und zuletzt in feine Würfel schneiden. Die Frühlingszwiebeln putzen, waschen und in feine Ringe schneiden.
2. Für die Vinaigrette den Zitronensaft mit dem Essig verrühren, dann das Öl unterschlagen. Mit Salz und Pfeffer würzen. Die Käsestreifen mit den Radieschen, den Frühlingszwiebeln und der Vinaigrette mischen.
3. Den Kopfsalat waschen und trocken schütteln. Die Blätter in mundgerechte Stücke zupfen. Die Roggenbrötchen aufschneiden und dünn mit Butter bestreichen.
4. Die unteren Brötchenhälften mit Salatblättern belegen und den Radieschen-Käse-Salat darauf verteilen. Die oberen Brötchenhälften daraufsetzen oder dazuservieren. Die Brötchen nach Belieben mit Schnittlauchröllchen oder -halmen garnieren.

TIPP:

Wem Bergkäse zu streng schmeckt, nimmt stattdessen den milderen Emmentaler Käse.

PRO PERSON: 432 kcal • **EIWEISS:** 22 g • **FETT:** 26 g • **KOHLENHYDRATE:** 27 g • **ZUBEREITUNG:** 15 Min. • **PREIS:** ca. 1,40 Euro

Fisch-Gemüse-Pfanne mit Fenchel

Zutaten für 4 Personen

4 Möhren (ca. 200 g)
2 kleine Fenchelknollen (ca. 500 g)
4 Frühlingszwiebeln
1 Knoblauchzehe
4 Tomaten (ca. 250 g)
2 EL Öl
Meersalz
Pfeffer aus der Mühle
300 ml Gemüsebrühe
4 EL Sojasahne
600 g Rotbarschfilet
2 EL Zitronensaft

1. Die Möhren putzen, schälen und schräg in dünne Scheiben schneiden. Fenchel und Frühlingszwiebeln putzen und waschen. Den Fenchel längs halbieren und die Strünke entfernen, die Fenchelhälften in dünne Spalten schneiden. Die Frühlingszwiebeln in feine Ringe schneiden, dabei etwas Grün für die Deko beiseite legen. Den Knoblauch schälen und in feine Würfel schneiden. Die Tomaten überbrühen, häuten, entkernen und in breite Spalten schneiden.
2. Das Öl in einer Pfanne erhitzen, Möhren, Fenchel und Frühlingszwiebeln darin anbraten. Den Knoblauch dazugeben und das Gemüse mit Salz und Pfeffer abschmecken. Die Brühe dazugießen und die Sojasahne unterrühren. Alles offen bei schwacher Hitze 3 bis 4 Minuten köcheln lassen.
3. Die Fischfilets waschen und mit Küchenpapier trocken tupfen. In nicht zu kleine Stücke schneiden und mit Salz und Pfeffer würzen. Die Fischstücke auf das Gemüse geben, mit Zitronensaft beträufeln und zugedeckt 5 Minuten garen.
4. Kurz vor Garzeitende die Tomaten dazugeben. Die Fisch-Gemüse-Pfanne mit dem Frühlingszwiebelgrün garnieren.

TIPP:

Die Fischpfanne können Sie ohne großen Aufwand veredeln, indem Sie 4 EL Mandelblättchen in einer beschichteten Pfanne ohne Fett goldgelb rösten und darüberstreuen.

PRO PERSON: 284 kcal • **EIWEISS:** 33 g • **FETT:** 12 g • **KOHLENHYDRATE:** 11 g • **ZUBEREITUNG:** 25 Min. • **PREIS:** ca. 1,70 Euro

Snacks

Für zwischendurch sind leichte Snacks die ideale Alternative zu fetten Chips und Dips. Die kleinen Zwischenmahlzeiten mit Obst und Gemüse stillen den Hunger und machen nicht dick.

Feldsalat mit Zucchini und Melone

Zutaten für 4 Personen

200 g Feldsalat
400 g Zucchini
2 Möhren
1 Honigmelone
250 g Maiskörner (aus der Dose)
150 g gegarte Putenbrust
(in dünnen Scheiben)
2–3 Stiele Estragon
3 EL Naturjoghurt (fettarm)
4 EL Orangensaft
1 EL Öl
Meersalz · Pfeffer aus der Mühle

1. Den Feldsalat putzen, waschen und trocken schütteln. Die Zucchini putzen, waschen und in feine Scheiben schneiden.
2. Die Möhren putzen, schälen und auf der Gemüsereibe grob raspeln. Die Melone halbieren und die Kerne entfernen, mit einem Kugelausstecher aus dem Fruchtfleisch kleine Kugeln ausstechen. Den Mais auf einem Sieb abtropfen lassen. Die Putenbrust in Streifen schneiden. Den Estragon waschen und trocken tupfen, die Blätter abzupfen, fein hacken und beiseite stellen.
3. Feldsalat, Möhren, Zucchini und Melonenkugeln mit dem Mais und den Putenbruststreifen auf Tellern oder in Schälchen anrichten.
4. Den Joghurt mit dem Orangensaft verrühren, das Öl unterrühren und den Estragon untermischen, das Dressing mit Salz und Pfeffer würzen. Den Salat gleichmäßig mit dem Dressing beträufeln und servieren.

TIPP:

Wenn Sie keinen Kugelausstecher zur Hand haben, können Sie das Melonenfruchtfleisch einfach in kleine Würfel schneiden.

PRO PERSON: 203 kcal • **EIWEISS:** 15 g • **FETT:** 4 g • **KOHLENHYDRATE:** 25 g • **ZUBEREITUNG:** 20 Min. • **PREIS:** ca. 1,35 Euro

Avocadocreme mit Sojasprossen

Zutaten für 4 Personen

1 Schalotte
1 rote Paprikaschote
3 EL frische Sprossen
(z. B. Sojabohnensprossen)
2 reife Avocados
2 EL Zitronensaft
Meersalz
Pfeffer aus der Mühle
1 EL helle Sojasauce

1. Die Schalotte schälen und in feine Würfel schneiden. Die Paprikaschote längs halbieren, entkernen, waschen und ebenfalls in feine Würfel schneiden. Die Sprossen in einem Sieb heiß abbrausen und gut abtropfen lassen.
2. Die Avocados halbieren und den Kern entfernen. Das Fruchtfleisch mit einem Löffel aus den Schalen lösen, in eine Schüssel geben und mit einer Gabel fein zerdrücken.
3. Den Zitronensaft sofort untermischen und die Avocadocreme mit Salz, Pfeffer und Sojasauce würzen. Die Avocadocreme mit den Sprossen, Schalotten- und Paprikawürfeln anrichten.

TIPP:

So können Sie selbst Sprossen oder Keimlinge ziehen: zum Beispiel aus Alfalfa-, Bockshornklee-, Radieschen- oder Senfsamen, Mungobohnen, Sonnenblumenkernen oder Kürbiskernen. Dafür die Samen 12 Stunden in Wasser einweichen, abgießen und dann in einer flachen Schale keimen lassen. Werden sie morgens und abends mit etwas Wasser übergossen, kann man die Sprossen meist schon nach 2 oder 3 Tagen ernten. Die ersten 2 Tage sollten die Samen möglichst nur im gedämpften Licht keimen.

PRO PERSON: 246 kcal • **EIWEISS:** 4 g • **FETT:** 24 g • **KOHLENHYDRATE:** 5 g • **ZUBEREITUNG:** 15 Min. • **PREIS:** ca. 0,50 Euro

Gemischtes Gemüse mit Thunfisch

Zutaten für 4 Personen

1 1/2 kg gemischtes Gemüse (z. B. grüner Spargel, Zucchini, Staudensellerie, Bohnen, Zuckerschoten, Frühlingszwiebeln)
1 unbehandelte Limette
Meersalz · Pfeffer aus der Mühle
1 Dose Thunfisch (im eigenen Saft; 150 g Abtropfgewicht)
2 EL saure Sahne
1/2 Bund Petersilie
2 EL eingelegte Kapern

1. Das Gemüse putzen und waschen. Von den Spargelstangen die holzigen Enden abschneiden und die Stangen im unteren Drittel schälen. Die Zucchini längs vierteln, die Selleriestangen längs halbieren und alles in etwa 10 cm lange Stücke schneiden. Von den Bohnen und Zuckerschoten die Enden abknipsen, beides ganz lassen. Die Frühlingszwiebeln ebenfalls ganz lassen.
2. Die Limette heiß waschen und trocken abreiben. Die Schale fein abreiben, dann die Limette halbieren und auspressen. Das Gemüse mit Salz und Pfeffer würzen, mit der Limettenschale bestreuen und über wenig Wasser in einem geeigneten Siebeinsatz bissfest dämpfen.
3. Den Thunfisch samt Saft in einen hohen Rührbecher geben. Die saure Sahne und den Limettensaft hinzufügen und alles mit dem Stabmixer fein pürieren.
4. Die Petersilie waschen und trocken schütteln, die Blätter von den Stielen zupfen und fein hacken. Die Petersilie und die Kapern unter den Thunfisch rühren, mit Salz und Pfeffer kräftig abschmecken.
5. Die Thunfischsauce nach Belieben mit Kapern garnieren und zu dem gedämpften Gemüse servieren. Dazu passt frisches italienisches Landbrot oder Vollkornbaguette.

TIPP:

Wenn Sie keine Limette zur Hand haben, können Sie natürlich auch eine große unbehandelte Zitrone verwenden.

PRO PERSON: 135 kcal • **EIWEISS:** 17 g • **FETT:** 2 g • **KOHLENHYDRATE:** 11 g • **ZUBEREITUNG:** 20 Min. • **PREIS:** ca. 1,35 Euro

Gurkenröllchen mit Melone

Zutaten für 4 Personen

2 Salatgurken
je 100 g geräuchertes Forellen- und Lachsfilet
2 EL saure Sahne
3 EL Zitronensaft
Meersalz · Pfeffer aus der Mühle
1 EL Öl
200 g Wassermelone

1. Die Gurken schälen und schräg in etwa 3 cm breite Stücke schneiden. Die Gurkenstücke mit einem Löffel vorsichtig aushöhlen.
2. Die Fischfilets mit einem Messer sehr fein hacken oder kurz im Blitzhacker zerkleinern. Die saure Sahne und 1 EL Zitronensaft unterrühren, mit Salz und Pfeffer würzen. Die Fischmasse in die ausgehöhlten Gurkenscheiben füllen.
3. Den restlichen Zitronensaft mit Salz, Pfeffer und Öl verrühren und über die Gurkenröllchen träufeln.
4. Die Melone schälen, das Fruchtfleisch entkernen und in kleine Stücke schneiden. Die Gurkenröllchen mit den Melonenstücken auf Tellern anrichten und nach Belieben mit Gurkenkraut garnieren. Nach Belieben Vollkornbaguette dazureichen.

PRO PERSON: 184 kcal • **EIWEISS:** 14 g • **FETT:** 9 g • **KOHLENHYDRATE:** 10 g • **ZUBEREITUNG:** 15 Min. • **PREIS:** ca. 1,20 Euro

Möhrenfrischkost mit Mandeln

Zutaten für 4 Personen

3 EL geschälte Mandeln
150 g Naturjoghurt (fettarm)
1 EL Zitronensaft
$^1/_4$ TL Meersalz
Pfeffer aus der Mühle
$^1/_2$ Bund Zitronenmelisse
300 g Möhren
1 säuerlicher Apfel
(z. B. Boskop)

1. Für die Salatsauce 2 EL Mandeln in der Nussmühle fein mahlen. Die gemahlenen Mandeln mit dem Joghurt und dem Zitronensaft gründlich verrühren. Die Sauce mit Salz und Pfeffer abschmecken.
2. Die Zitronenmelisse waschen und trocken schütteln, die Blätter von den Stielen zupfen. Einige Blätter für die Dekoration beiseite legen, den Rest hacken oder in feine Streifen schneiden und unter die Salatsauce rühren.
3. Die Möhren putzen und schälen, auf der Gemüsereibe grob raspeln und gut mit der Salatsauce mischen. Den Apfel waschen, vierteln und entkernen. Nach Belieben schälen, grob raspeln und unter den Salat heben.
4. Die restlichen Mandeln grob hacken. In einer beschichteten Pfanne ohne Fett hellbraun anrösten. Den Salat mit den Mandeln und den Zitronemelisseblättern garniert servieren.

TIPP:

Damit die Eiweißbilanz stimmt, können Sie pro Person ein kleines Putenschnitzel in etwas Öl anbraten, mit Salz und Pfeffer aus der Mühle würzen und dazu servieren.

PRO PERSON: 100 kcal • **EIWEISS:** 4 g • **FETT:** 5 g • **KOHLENHYDRATE:** 10 g • **ZUBEREITUNG:** 15 Min. • **PREIS:** ca. 0,30 Euro

Ziegenkäse-Sandwich mit Pinienkernen

Zutaten für 4 Personen

2 EL Pinienkerne
1 Salatgurke
3 Schalotten
100 g Ziegenfrischkäse
150 g Naturjoghurt (fettarm)
1 EL Olivenöl
1 EL gehackter Borretsch
Meersalz
Pfeffer aus der Mühle
8 kleine Scheiben Vollkornrot

1. Die Pinienkerne in einer beschichteten Pfanne ohne Fett goldgelb rösten und abkühlen lassen.
2. Die Gurke schälen und längs halbieren, die Kerne mit einem Teelöffel entfernen. Eine Gurkenhälfte in dünne Scheiben schneiden oder hobeln, die andere Hälfte grob raspeln und die Raspel fest ausdrücken. Die Schalotten schälen und in feine Würfel schneiden.
3. Den Ziegenfrischkäse in einer Schüssel mit einer Gabel etwas zerdrücken. Mit Joghurt, Öl, Schalotten, Borretsch, Pinienkernen sowie den Gurkenscheiben und -raspeln mischen, dann mit Salz und Pfeffer würzen.
4. Die Frischkäse-Gurken-Mischung auf die Hälfte der Brotscheiben verteilen und mit einer Scheibe Brot abdecken. Nach Belieben jedes Sandwich zum Servieren in eine Serviette wickeln.

TIPP:

Sie können das Sandwich zum Beispiel mit einfachem Bauernbrot, kräftigem Gewürzbrot oder Kürbiskernbrot zubereiten – erlaubt ist, was schmeckt! Besonders fein wird's mit Vollkorntoastbrot. Falls Sie keinen Borretsch bekommen, können Sie auch gut gehackten Dill verwenden.

PRO PERSON: 245 kcal • **EIWEISS:** 13 g • **FETT:** 9 g • **KOHLENHYDRATE:** 27 g • **ZUBEREITUNG:** 15 Min. • **PREIS:** ca. 1,- Euro

Pausenbrot mit Apfelcreme und Schinken

Zutaten für 4 Personen

6 Scheiben Vollkornbrot
6 Blätter Radicchio
(oder Eisbergsalat)
1 kleiner Apfel
2 TL Zitronensaft
4 TL Preiselbeeren
(aus dem Glas)
2 TL feine Putenleberwurst
Meersalz · Pfeffer aus der Mühle
2 dünne Scheiben gekochter
Schinken

1. Die Brotscheiben nach Belieben rösten, aufeinanderlegen und die Rinde mit einem Brotmesser rundum abschneiden. Die Salatblätter waschen, trocken tupfen und in mundgerechte Stücke zupfen.
2. Den Apfel, vierteln, schälen und das Kerngehäuse entfernen. Die Apfelspalten auf der Gemüsereibe fein raspeln und sofort mit dem Zitronensaft beträufeln. Mit den Preiselbeeren und der Putenleberwurst mischen und mit Salz und Pfeffer abschmecken.
3. Zwei Brotscheiben mit Salat belegen und dick mit der Apfel-Preiselbeer-Creme bestreichen. Mit jeweils einer Scheibe Brot bedecken.
4. Die restlichen Salatblätter auf den beiden Broten verteilen. Den Fettrand vom Schinken entfernen und den Schinken auf die Salatblätter legen. Erneut mit jeweils einer Brotscheibe abdecken und die beiden Pausenbrote jeweils diagonal halbieren.

PRO PERSON: 171 kcal • **EIWEISS:** 8 g • **FETT:** 2 g • **KOHLENHYDRATE:** 29 g • **ZUBEREITUNG:** 15 Min. • **PREIS:** ca. 0,55 Euro

Orangen-Sandwich mit Putenbrust

Zutaten für 4 Personen

2 Orangen
200 g Champignons
1 EL Zitronensaft
8 Blätter Kopfsalat
4 EL (mageren) Frischkäse
2 TL Senf
abgeriebene Schale von
1 unbehandelten Zitrone
Meersalz
Pfeffer aus der Mühle
8 Scheiben Vollkorntoastbrot
200 g gegarte Putenbrust
(in dünnen Scheiben)

1 Die Orangen so großzügig schälen, dass auch die weiße Haut mit entfernt wird, und die Früchte quer in dünne Scheiben schneiden. Die Pilze putzen, mit Küchenpapier trocken abreiben, ebenfalls in dünne Scheiben schneiden und mit dem Zitronensaft beträufeln.

2 Die Salatblätter waschen und trocken schütteln. Dann den Frischkäse mit Senf und Zitronenschale verrühren, mit Salz und Pfeffer abschmecken.

3 Die Toastbrotscheiben goldbraun rösten. Die Hälfte der Senfcreme auf vier Toastbrotscheiben verstreichen und die Salatblätter, die Putenbrust, die Pilze und die Orangenscheiben dekorativ darauflegen. Die restliche Senfcreme darauf verteilen und mit den übrigen Toastbrotscheiben belegen. Jedes Sandwich leicht andrücken und diagonal halbieren.

TIPP:

Statt Kopfsalatblätter können Sie für dieses Sandwich ebenso gut Eisbergsalat- oder Chicoréeblätter verwenden.

PRO PERSON: 220 kcal • **EIWEISS:** 20 g • **FETT:** 3 g • **KOHLENHYDRATE:** 26 g • **ZUBEREITUNG:** 15 Min. • **PREIS:** ca. 0,85 Euro

Zitronenjoghurt mit Melisse

Zutaten für 4 Personen

1 Orange
2 Zitronen
60 g Vollrohrzucker
500 g Naturjoghurt (fettarm)
1 unbehandelte Limette
4 Stiele Zitronenmelisse

1 Die Orange mit einem scharfen Messer so großzügig schälen, dass auch die weiße Haut mit entfernt wird. Die Fruchtfilets aus den Trennhäuten schneiden, dabei den austretenden Saft auffangen. Die Zitronen halbieren und auspressen.

2 Den Zucker auf einen Teller geben. Vier Dessertgläser mit dem Rand in den Orangensaft tauchen und dann in dem Zucker drehen, sodass ein Zuckerrand entsteht.

3 Joghurt, Orangen- und Zitronensaft sowie Zucker in einer Schüssel mit dem Schneebesen aufschlagen und in die Dessertgläser füllen. Die Orangenfilets daraufsetzen.

4 Die Limette heiß abwaschen, trocken abreiben und in dünne Scheiben schneiden. Die Zitronenmelisse waschen und trocken tupfen.

5 Den Zitronenjoghurt mit den Limettenscheiben und Melisseblättern garnieren.

PRO PERSON: 161 kcal • **EIWEISS:** 5 g • **FETT:** 2 g • **KOHLENHYDRATE:** 27 g • **ZUBEREITUNG:** 10 Min. • **PREIS:** ca. 0,50 Euro

Kokoscreme mit Orangen und Grapefruits

Zutaten für 4 Personen

40 g Kokosnussfleisch
2 Orangen
2 Grapefruits
500 g Speisequark (Magerstufe)
1–2 EL Vollrohrzucker

1 Das Kokosnussfleisch mit dem Sparschäler in Späne hobeln und in einer beschichteten Pfanne ohne Fett unter Rühren anrösten. Auf einem Teller abkühlen lassen.

2 Die Orangen und Grapefruits mit einem scharfen Messer so großzügig schälen, dass auch die weiße Haut mit entfernt wird. Die Fruchtfilets aus den Trennhäuten schneiden, dabei den austretenden Saft auffangen.

3 Den Quark mit dem aufgefangenen Orangen- und Grapefruitsaft, dem Zucker und der Hälfte der Kokosnussspäne verrühren.

4 Die Quarkcreme auf Dessertschälchen oder -gläser verteilen. Die Orangen- und Grapefruitfilets darauf anrichten und mit den restlichen Kokosspänen bestreuen.

TIPP:

Ist gerade kein frisches Kokosnussfleisch erhältlich, kann man auch Kokoschips oder Kokosraspel nehmen, kurz anrösten und mit dem Quark vermischen. Besonders fein und etwas milder als die gelben Grapefruits schmecken die rosafarbenen.

PRO PERSON: 236 kcal • **EIWEISS:** 19 g • **FETT:** 4 g • **KOHLENHYDRATE:** 27 g • **ZUBEREITUNG:** 15 Min. • **PREIS:** ca. 0,75 Euro

Mangodessert mit Knusperflocken

Zutaten für 4 Personen

4 EL Haferflocken
2 Mangos
400 g Speisequark (Magerstufe)
2 EL flüssiger Reissirup
(aus dem Bioladen)
4 EL Zitronensaft

1. Die Haferflocken in einer kleinen beschichteten Pfanne ohne Fett hellbraun anrösten. Die Pfanne beiseite stellen und die Haferflocken abkühlen lassen.
2. Die Mangos schälen, das Fruchtfleisch zuerst vom Stein, dann in etwa 1 cm große Würfel schneiden.
3. Den Quark mit dem Reissirup und dem Zitronensaft in einer Schüssel verrühren, dabei etwa zwei Drittel der gerösteten Haferflocken untermischen.
4. Die Quarkmischung und die Mangowürfel abwechselnd in kleine Glasschüsseln einschichten, die oberste Schicht sollte aus Mangowürfeln bestehen. Den Mangoquark mit den restlichen Knusperhaferflocken bestreuen.

TIPP:

Am besten nehmen Sie Vollkornhaferflocken für das Mangodessert. Wenn Sie gerade keine Mangos zur Hand haben, können Sie das Dessert zur Abwechslung mal mit 1 kleinen frischen Ananas zubereiten.

PRO PERSON: 217 kcal • **EIWEISS:** 16 g • **FETT:** 1 g • **KOHLENHYDRATE:** 34 g • **ZUBEREITUNG:** 15 Min. • **PREIS:** ca. 0,60 Euro

Heidelbeermousse mit Limette

Zutaten für 4 Personen

200 g Heidelbeeren
500 g Speisequark (Magerstufe)
150 ml Milch (fettarm)
50 g Zucker
2 EL Limettensaft
2 Eiweiß

1. Die Heidelbeeren in ein Sieb geben, unter kaltem Wasser abbrauen und gut abtropfen lassen. Einige besonders schöne Beeren zur Dekoration beiseite legen.
2. Den Quark mit der Milch, dem Zucker und dem Limettensaft in eine Schüssel geben und mit dem Schneebesen glatt rühren.
3. Die restlichen Heidelbeeren in einen hohen Rührbecher füllen und mit dem Stabmixer pürieren. Das Heidelbeerpüree unter den Quark rühren.
4. Die Eiweiße in einen Rührbecher geben und mit dem Handrührgerät steif schlagen. Den Eischnee mit dem Schneebesen unter den Heidelbeerquark mischen. Das Dessert in dekorative Gläser oder Schälchen verteilen und etwa 20 Minuten kühl stellen.
5. Die Heidelbeermousse zum Servieren mit den restlichen Heidelbeeren garnieren.

TIPP:

Statt Heidelbeeren eignen sich auch Brombeeren oder Himbeeren für dieses Dessert.

PRO PERSON: 200 kcal • **EIWEISS:** 21 g • **FETT:** 1 g • **KOHLENHYDRATE:** 25 g • **ZUBEREITUNG:** 30 Min. • **PREIS:** ca. 0,80 Euro

Rote-Bete-Kefir mit Petersilie

Zutaten für 4 Personen

200 ml Rote-Bete-Saft
200 ml Möhrensaft
2 EL Zitronensaft
200 g Kefir (fettarm)
Meersalz
Pfeffer aus der Mühle
4 Stiele Petersilie
8 Eiswürfel

1. Den Rote-Bete-, den Möhren- und den Zitronensaft mit dem Kefir in den Mixer geben und kräftig durchmixen. Dann mit Salz und Pfeffer abschmecken.
2. Die Petersilie waschen und trocken schütteln, die Blätter von den Stielen zupfen.
3. Die Eiswürfel auf Gläser verteilen und den Drink darübergießen. Mit den Petersilienblättern garnieren und mit Strohhalmen servieren.

TIPP:

Besonders gesund und köstlich: Falls Sie einen Entsafter haben, können Sie aus 2 großen frischen Rote-Bete-Knollen und 4 großen Möhren den Saft ganz frisch pressen. Statt Zitronensaft können Sie auch 4 EL Apfelsaft untermischen.

PRO PERSON: 61 kcal • **EIWEISS:** 3 g • **FETT:** 1 g • **KOHLENHYDRATE:** 9 g • **ZUBEREITUNG:** 5 Min. • **PREIS:** ca. 0,60 Euro

Abendessen

Für viele ist das Abendessen die Hauptmahlzeit des Tages und meist das einzige gemeinsame Essen in der Familie. Schnell zubereitet, dabei sättigend und gesund, so soll es idealerweise sein.

Pastasalat mit Sardellen und Oliven

Zutaten für 4 Personen

300 g Penne
(am besten Vollkornnudeln)
Meersalz
4 EL Olivenöl
3 EL Weißweinessig
3 EL Orangensaft
2 Knoblauchzehen
75 g eingelegte Peperoni
2 Sardellenfilets (in Öl)
Pfeffer aus der Mühle
1 Msp. Cumin
je 50 g schwarze und grüne
Oliven (ohne Stein)
1 rote Paprikaschote
150 g Feta
1 Bund Petersilie

1. Die Penne in reichlich kochendem Salzwasser nach Packungsanweisung bissfest garen.
2. Inzwischen für die Marinade Öl, Essig und Orangensaft in einer kleinen Schüssel verrühren. Den Knoblauch schälen und durch die Presse dazudrücken.
3. Die Peperoni in ein Sieb abgießen und gut abtropfen lassen. Die Sardellenfilets und 1 Peperoni fein hacken und unter die Marinade rühren. Die Marinade mit Salz, Pfeffer und Cumin würzen.
4. Die Oliven in ein Sieb abgießen und abtropfen lassen. Die Paprikaschote längs halbieren, entkernen, waschen und in kleine Würfel schneiden. Den Feta in Würfel schneiden oder zerbröckeln. Die Petersilie waschen, trocken schütteln, die Blätter abzupfen und hacken.
5. Die Nudeln abgießen, abtropfen lassen und noch heiß in einer Schüssel mit der Marinade mischen. Oliven, restliche Peperoni, Paprika und Feta unter die Penne mischen und mit der gehackten Petersilie bestreut servieren.

PRO PERSON: 513 kcal • **EIWEISS:** 18 g • **FETT:** 22 g • **KOHLENHYDRATE:** 59 g • **ZUBEREITUNG:** 25 Min. • **PREIS:** ca. 0,90 Euro

Bunte Gemüsepfanne mit Pute

Zutaten für 4 Personen

300 g Putenschnitzel
1 Knoblauchzehe
2 EL Sojasauce
2 EL Tomatenmark
Meersalz
Pfeffer aus der Mühle
200 g Knollensellerie
3 Möhren
2 Zwiebeln
1 rote Paprikaschote
2 EL Öl
100 ml Gemüsebrühe

1. Das Putenfleisch waschen, mit Küchenpapier trocken tupfen und quer zur Faser in feine Streifen schneiden. Den Knoblauch schälen und in feine Scheiben schneiden. Die Fleischstreifen und den Knoblauch in einer Schüssel mit der Sojasauce und dem Tomatenmark mischen und mit Salz und Pfeffer würzen.
2. Den Knollensellerie und die Möhren putzen, schälen und in feine Streifen schneiden. Die Zwiebeln schälen und längs in schmale Spalten schneiden. Die Paprikaschote der Länge nach halbieren, entkernen, waschen und in kleine Rauten schneiden.
3. In einer beschichteten Pfanne 1 EL Öl erhitzen, das klein geschnittene Gemüse darin unter Rühren etwa 5 Minuten bissfest garen, anschließend aus der Pfanne nehmen.
4. Das restliche Öl in die Pfanne geben und das Putenfleisch mit dem Knoblauch von allen Seiten etwa 2 Minuten braten. Das Gemüse hinzufügen, die Brühe dazugießen und einmal aufkochen lassen. Die Gemüsepfanne mit Salz und Pfeffer abschmecken und servieren.

TIPP:

Bei der Auswahl des Gemüses können Sie Ihrer Phantasie freien Lauf lassen. Nehmen Sie für die Gemüsepfanne alles, was Ihnen schmeckt und welches Gemüse gerade Saison hat. Es dürfen in jedem Fall etwa 800 Gramm sein.

PRO PERSON: 164 kcal • **EIWEISS:** 21 g • **FETT:** 4 g • **KOHLENHYDRATE:** 10 g • **ZUBEREITUNG:** 25 Min. • **PREIS:** ca. 0,75 Euro

Gemüsefrikadellen mit Kräuterquark

Zutaten für 4 Personen

500 g gemischtes Gemüse (z. B. Zucchini, Paprikaschoten, Möhren, Frühlingszwiebeln, Sellerie)
1 EL Zitronensaft
1/4 l Gemüsebrühe
je 1 Bund Dill, Petersilie und Schnittlauch
2 Eier
2 EL Haferflocken
Meersalz · Pfeffer aus der Mühle
2 EL Sonnenblumenöl
500 g Speisequark (Magerstufe)

1. Das Gemüse je nach Sorte putzen und schälen, bzw. putzen und waschen und auf der Gemüsereibe grob raspeln oder in kleine Stücke schneiden und mit dem Zitronensaft beträufeln.
2. Die Gemüsebrühe aufkochen, das zerkleinerte Gemüse dazugeben und etwa 4 Minuten bissfest garen. Die überschüssige Kochflüssigkeit abgießen und das Gemüse abkühlen lassen. Die Kräuter waschen und trocken schütteln. Die Blätter von den Stielen zupfen und hacken, den Schnittlauch in Röllchen schneiden.
3. Das Gemüse in eine Schüssel geben und mit den Eiern, den Haferflocken und einem Drittel der Kräuter vermischen. Die Masse mit wenig Salz und Pfeffer würzen.
4. Das Öl in einer beschichteten Pfanne erhitzen. Aus der Gemüsemasse mit bemehlten Händen Frikadellen formen und bei mittlerer Hitze etwa 10 Minuten in der Pfanne braten, dabei mehrmals wenden.
5. Inzwischen den Quark mit etwas Wasser glatt rühren, die restlichen Kräuter untermischen und mit Salz würzen. Die Gemüsefrikadellen mit dem Kräuterquark servieren.

TIPP:

Für die Gemüsefrikadellen eignen sich am besten etwas festere Gemüsesorten, die beim Vorgaren nicht so leicht zerfallen.

PRO PERSON: 239 kcal • **EIWEISS:** 24 g • **FETT:** 9 g • **KOHLENHYDRATE:** 14 g • **ZUBEREITUNG:** 35 Min. • **PREIS:** ca. 0,70 Euro

Tofubratlinge mit Joghurt-Senf-Sauce

Zutaten für 4 Personen

1/2 l Gemüsebrühe
220 g Hirse
1/2 Bund Dill
150 g Naturjoghurt (fettarm)
3 EL körniger Dijonsenf
Meersalz
Pfeffer aus der Mühle
220 g Tofu
1 Zwiebel · 1 Knoblauchzehe
1 Zucchino
1 TL getrocknete Kräuter der Provence
1 EL Sojasauce · Paprikapulver
1 Blumenkohl
2 EL Sojaöl

1. Die Gemüsebrühe in einem Topf aufkochen, die Hirse einrühren und im zugedeckten Topf bei schwacher Hitze etwa 20 Minuten quellen lassen, dabei hin und wieder umrühren. Beiseite stellen und etwas abkühlen lassen.
2. Den Dill waschen, trocken schütteln und die Spitzen klein hacken. Den Joghurt in einer Schüssel mit dem Schneebesen glatt rühren, die Dillspitzen und den Senf unterrühren und die Sauce mit Salz und Pfeffer würzen.
3. Den Tofu waschen, mit Küchenpapier trocken tupfen und in einer Schüssel mit der Gabel zerdrücken. Die Zwiebel und den Knoblauch schälen. Den Zucchino putzen und waschen und alles in kleine Würfel schneiden.
4. Tofu, Zwiebel, Knoblauch und Zucchino unter die Hirse mischen, die getrockneten Kräuter dazugeben und die Masse mit Sojasauce, Salz, Pfeffer und Paprika würzen.
5. Den Blumenkohl putzen, waschen und in Röschen zerteilen. Die Blumenkohlröschen in Salzwasser etwa 8 Minuten bissfest garen. In ein Sieb abgießen und gut abtropfen lassen.
6. Das Öl in einer beschichteten Pfanne erhitzen. Aus der Hirse-Tofu-Masse mit angefeuchteten Händen Bratlinge formen und bei mittlerer Hitze auf beiden Seiten braun braten.
7. Die Bratlinge mit dem Blumenkohl auf Tellern anrichten und etwas von der Joghurt-Senf-Sauce dazugeben.

PRO PERSON: 361 kcal • **EIWEISS:** 17 g • **FETT:** 11 g • **KOHLENHYDRATE:** 47 g • **ZUBEREITUNG:** 35 Min. • **PREIS:** ca. 1,- Euro

Knusprige Kartoffeln mit Gurkenquark

Zutaten für 4 Personen

1,2 kg fest kochende Kartoffeln
4 EL Öl
2 TL getrockneter Majoran
Meersalz
Pfeffer aus der Mühle
1/2 Salatgurke
1 Bund Radieschen
je 1/2 Bund Schnittlauch
und Petersilie
400 g Speisequark (Magerstufe)
150 g Naturjoghurt (fettarm)
Saft von 1/2 Zitrone

1. Den Backofen auf 200 °C vorheizen. Die Kartoffeln schälen, waschen und längs in Spalten schneiden. Die Kartoffelspalten mit Öl, Majoran, Salz und Pfeffer mischen und auf einem mit Backpapier ausgelegten Backblech verteilen. Die Kartoffelspalten im Backofen auf der zweiten Schiene von unten etwa 40 Minuten garen, dabei einmal wenden.
2. Inzwischen die Gurke schälen und längs halbieren, die Kerne mit einem Löffel entfernen. Die Radieschen putzen und waschen. Gurke und Radieschen in kleine Würfel schneiden. Die Kräuter waschen und trocken schütteln. Die Petersilienblätter von den Stielen zupfen und fein hacken, den Schnittlauch in Röllchen schneiden.
3. Den Quark mit dem Schneebesen mit dem Joghurt und dem Zitronensaft in einer Schüssel glatt rühren. Die Gurken- und Radieschenwürfel untermischen und den Quark mit Salz und Pfeffer abschmecken.
4. Die Petersilie unter die Kartoffelspalten mischen und den Schnittlauch unter den Quark rühren. Den Gemüsequark zu den Kartoffeln servieren.

TIPP:

Die Kartoffeln sollten möglichst nicht zu braun gebacken werden, damit sie nicht zu viel schädliches Acrylamid enthalten. Fettärmer werden die Kartoffelspalten, wenn man sie vor dem Servieren noch kurz auf Küchenpapier abtropfen lässt.

PRO PERSON: 361 kcal • **EIWEISS:** 21 g • **FETT:** 9 g • **KOHLENHYDRATE:** 47 g • **ZUBEREITUNG:** 1 Std. • **PREIS:** ca. 0,85 Euro

Sardellen-Pizza mit Büffelmozzarella

Zutaten für 4 Personen

250 g Vollkornmehl
1/2 Päckchen Trockenhefe
150 ml lauwarmes Wasser
3 EL Olivenöl
1/2 TL Meersalz
4 Fleischtomaten
Pfeffer aus der Mühle
150 g Büffelmozzarella
4 Stiele frisches Basilikum
8 in Öl eingelegte Sardellenfilets

1. Das Vollkornmehl mit der Hefe, dem Wasser, 1 EL Öl und dem Salz zu einem geschmeidigen Teig verrühren. Den Hefeteig auf der bemehlten Arbeitsfläche von Hand kräftig durchkneten und zu einer Kugel formen. In eine Schüssel geben und zugedeckt an einem warmen Ort gehen lassen, bis sich das Volumen verdoppelt hat.
2. Die Tomaten kreuzweise einritzen, überbrühen, häuten, das Fruchtfleisch in Würfel schneiden und mit Salz und Pfeffer würzen.
3. Den Mozzarella in einem Sieb abtropfen lassen und in dünne Scheiben schneiden. Das Basilikum waschen, trocken schütteln und die Blätter von den Stielen zupfen.
4. Den Backofen auf 250 °C vorheizen. Den Pizzateig auf der bemehlten Arbeitsfläche etwa 1/2 cm dick zu zwei mittelgroßen runden Pizzen ausrollen und auf ein mit Backpapier belegtes Backblech legen.
5. Die Tomaten, den Mozzarella und die Sardellen auf dem Teig verteilen, die Basilikumblätter darauflegen. Die Pizza mit dem restlichen Öl beträufeln und im Backofen auf der mittleren Schiene 10 bis 15 Minuten backen.

TIPP:

Statt mit Sardellen können Sie die Pizza auch mit Thunfisch, magerem gekochtem Schinken, Pilz- oder Gemüsescheiben belegen.

PRO PERSON: 381 kcal • **EIWEISS:** 18 g • **FETT:** 16 g • **KOHLENHYDRATE:** 41 g • **ZUBEREITUNG:** 55 Min. • **PREIS:** ca. 1,10 Euro

Paprika-Lauch-Quiche mit Oliven

Zutaten für 4 Personen

Für den Teig:
150 g Vollkornmehl
80 g Speisequark (Magerstufe)
1 TL Backpulver · Meersalz
Fett für die Form
Mehl für die Arbeitsfläche

Für den Belag:
3 große rote Paprikaschoten
2 Lauchstangen
2 rote Zwiebeln
2 Knoblauchzehen
1 Bund Petersilie · 4 Eier
200 g Naturjoghurt (fettarm)
2 TL Mehl · 1 TL Dijon-Senf
Meersalz · Pfeffer aus der Mühle
8 schwarze Oliven

1. Für den Teig Vollkornmehl, Quark, Backpulver und 1 Prise Salz mit 5 bis 6 EL warmem Wasser rasch verkneten. Den Teig zu einer Kugel formen und in Frischhaltefolie gewickelt etwa 45 Minuten kühl stellen.
2. Inzwischen die Paprikaschoten längs halbieren, entkernen, waschen und in Streifen schneiden. Den Lauch putzen, waschen und längs halbieren. Die Hälften in 5 cm lange Stücke, dann in Streifen schneiden. Die Zwiebeln und den Knoblauch schälen und in Würfel schneiden. Die Petersilie waschen und trocken schütteln, die Blätter von den Stielen zupfen und hacken.
3. Den Backofen auf 200 °C vorheizen. Eier, Joghurt, Mehl und Senf in einer Schüssel gut verrühren und mit Salz und Pfeffer kräftig würzen. Eine Quicheform einfetten. Den Teig auf der bemehlten Arbeitsfläche dünn ausrollen und die Form damit auslegen, dabei einen kleinen Rand formen.
4. Paprika, Lauch, Petersilie, Zwiebeln und Knoblauch mischen. Das Gemüse mit Salz und Pfeffer würzen, auf dem Teig verteilen und die Eiercreme darübergießen. Die Oliven in Stücken vom Stein schneiden und ebenfalls auf dem Belag verteilen.
5. Die Paprika-Lauch-Quiche im Backofen auf der mittleren Schiene etwa 45 Minuten goldbraun backen. Die Quiche nach Belieben mit Petersilie garnieren und warm servieren.

PRO PERSON: 376 kcal • **EIWEISS:** 21 g • **FETT:** 14 g • **KOHLENHYDRATE:** 42 g • **ZUBEREITUNG:** 1 Std. 30 Min. • **PREIS:** ca. 1,10 Euro

Krosse Hähnchenflügel mit Zitrone

Zutaten für 4 Personen

1 kg Hähnchenflügel
4 EL brauner Zucker
4 EL Essig
4 EL Sojasauce
2 Knoblauchzehen
2 EL Öl
4 EL Erdnusscreme
200 g saure Sahne
1 EL Zitronensaft
Meersalz · Pfeffer aus der Mühle
Cayennepfeffer

1. Die Hähnchenflügel waschen und mit Küchenpapier trocken tupfen. Die Flügelspitzen am Gelenk mit einer Geflügelschere oder einem Messer abtrennen und anderweitig verwenden. Die Hähnchenflügel in eine flache Form geben.
2. In einer kleinen Schüssel den Zucker mit Essig und Sojasauce verrühren. Den Knoblauch schälen, dazupressen und unterrühren. Die Marinade über die Hähnchenflügel gießen und mehrere Stunden (am besten über Nacht) zugedeckt im Kühlschrank ziehen lassen, dabei einmal wenden.
3. Am nächsten Tag den Backofen auf 220 °C vorheizen. Das Backblech mit Alufolie belegen und mit dem Öl bestreichen.
4. Die Hähnchenflügel aus der Marinade nehmen, etwas abschütteln, auf das Blech legen und im heißen Backofen auf der mittleren Schiene 15 Minuten garen. Die Hähnchenflügel wenden, mit etwas Marinade bestreichen und weitere 5 Minuten braten. Erneut wenden, mit Marinade bestreichen und 10 Minuten braten.
5. Die Erdnusscreme in eine Schüssel geben, saure Sahne und Zitronensaft hinzufügen und cremig verrühren. Den Erdnuss-Dip mit Salz, Pfeffer und Cayennepfeffer würzen.
6. Die Hähnchenflügel mit Zitronenachteln anrichten und den Erdnuss-Dip dazu reichen. Nach Belieben buntes Paprikagemüse zu dem Gericht servieren.

PRO PERSON: 501 kcal • **EIWEISS:** 32 g • **FETT:** 39 g • **KOHLENHYDRATE:** 6 g • **ZUBEREITUNG:** 35 Min. • **PREIS:** ca. 1,- Euro

Hähnchenfilet mit Zuckerschoten

Zutaten für 4 Personen

1 Schalotte
5 EL Butter
300 ml Gemüsebrühe
50 ml Milch (fettarm)
100 g Weichkäse
(z. B. Saint-Albray)
Meersalz · Pfeffer aus der Mühle
2 TL Zitronensaft
800 g Hähnchenbrustfilet
300 g Zuckerschoten
1 EL Schnittlauchröllchen

1. Die Schalotte schälen und in feine Würfel schneiden. In einer Pfanne 1 EL Butter zerlassen und die Schalotte darin glasig dünsten. Die Brühe und die Milch dazugießen und aufkochen lassen.
2. Den Käse entrinden und klein schneiden. In der Sauce schmelzen und bei schwacher Hitze etwa 10 Minuten köcheln lassen. Mit Salz, Pfeffer und Zitronensaft würzen.
3. Das Hähnchenfleisch waschen und trocken tupfen, mit Salz und Pfeffer würzen. In einer Pfanne 2 EL Butter zerlassen und die Hähnchenbrustfilets darin rundum anbraten. Dann bei schwacher Hitze zugedeckt noch 5 bis 7 Minuten gar ziehen lassen.
4. Die Zuckerschoten putzen, waschen und die Enden abschneiden. In kochendem Salzwasser etwa 4 Minuten blanchieren, dann kalt abschrecken und abtropfen lassen. Die restliche Butter zerlassen und die Zuckerschoten darin schwenken, mit Salz und Pfeffer würzen.
5. Den Schnittlauch unter die Sauce rühren. Zum Servieren das Fleisch schräg in Scheiben schneiden, auf den Zuckerschoten anrichten und jeweils etwas Sauce darübergeben.

TIPP:

Anstelle eines Weichkäses wie Saint-Albray oder Epoisses können Sie auch 150 g Gorgonzola in die Sauce geben.

PRO PERSON: 402 kcal • **EIWEISS:** 58 g • **FETT:** 14 g • **KOHLENHYDRATE:** 11 g • **ZUBEREITUNG:** 25 Min. • **PREIS:** ca. 2,20 Euro

Hähnchenbrust mit Rucolafüllung

Zutaten für 4 Personen

100 g Rucola
Meersalz
1 Zweig Rosmarin
150 g Feta
50 g saure Sahne
2 EL Semmelbrösel · 1 Eigelb
Pfeffer aus der Mühle
4 Hähnchenbrustfilets (à 150 g)
6 EL Olivenöl
2 rote Paprikaschoten
1 Bund Frühlingszwiebeln
2 Knoblauchzehen
2 EL Weißweinessig

1. Den Rucola verlesen, waschen und trocken schütteln, grobe Stiele sorgfältig entfernen. Die Blätter in kochendem Salzwasser 1 Minute blanchieren und in ein Sieb abgießen, gut abtropfen lassen und fein hacken.
2. Den Rosmarin waschen und trocken schütteln, die Nadeln abstreifen und fein hacken. Den Feta zerbröckeln. Beides mit Rucola, saurer Sahne, Semmelbröseln und Eigelb vermischen und mit Salz und Pfeffer würzen.
3. Den Backofen auf 180 °C vorheizen. Die Hähnchenbrustfilets waschen und trocken tupfen. Zwischen zwei Lagen Frischhaltefolie mit der flachen Seite des Fleischklopfers gut flach klopfen, mit Salz und Pfeffer würzen.
4. Die Hähnchenbrustfilets mit der glatten Seite nach unten auf die Arbeitsfläche legen. Die Rucola-Käse-Masse jeweils in die Mitte der Filets geben und das Fleisch von zwei Seiten zur Mitte hin darüberschlagen, eventuell mit Holzspießchen feststecken.
5. In einer Pfanne 2 EL Öl erhitzen und das Fleisch darin vorsichtig rundum anbraten. Vier Stücke Alufolie mit je 1/2 EL Öl bestreichen, das Fleisch wie Bonbons darin einpacken. In einer ofenfesten Form im Backofen auf der mittleren Schiene etwa 20 Minuten garen.
6. Die Paprikaschoten putzen, längs halbieren, entkernen und waschen. Die Frühlingszwiebeln putzen und waschen. Beides in feine Würfel schneiden und mischen. Den Knoblauch schälen und in feine Würfel schneiden. Mit dem restlichen Öl und dem Essig unterrühren, die Marinade mit Salz und Pfeffer würzen und den Paprikasalat zu den aufgeschnittenen Hähnchenrouladen servieren und nach Belieben pro Person eine Scheibe Vollkornbrot dazu reichen.

PRO PERSON: 414 kcal • **EIWEISS:** 45 g • **FETT:** 21 g • **KOHLENHYDRATE:** 11 g • **ZUBEREITUNG:** 45 Min. • **PREIS:** ca. 1,75 Euro

Hähnchen-Nuggets mit Joghurtsauce

Zutaten für 4 Personen

$^{1}/_{2}$ Bund Petersilie
500 g Naturjoghurt (fettarm)
Meersalz · Pfeffer aus der Mühle
Cayennepfeffer
500 g Hähnchenbrustfilet
1 Msp. Zimtpulver
100 g geröstete, ungesalzene Cashewkerne
2 Eiweiß
4 EL Rapsöl
$^{1}/_{2}$ Eisbergsalat

1. Für die Joghurtsauce die Petersilie waschen, trocken schütteln, die Blätter von den Stielen zupfen und fein hacken. Den Joghurt in einer Schüssel mit dem Schneebesen glatt rühren, die gehackte Petersilie untermischen und die Joghurtsauce mit Salz, Pfeffer und Cayennepfeffer würzen.
2. Die Hähnchenfilets waschen, mit Küchenpapier trocken tupfen und in größere, mundgerechte Stücke schneiden. Das Fleisch mit Salz, Pfeffer und Zimt würzen.
3. Die Cashewkerne mit einem großen Küchenmesser fein hacken und in einen tiefen Teller geben. Das Eiweiß in einem tiefen Teller verquirlen. Das Hähnchenfleisch zuerst durch das verquirlte Eiweiß ziehen und dann in den Cashewkernen wenden.
4. Das Öl in einer beschichteten Pfanne erhitzen und die Hähnchen-Nuggets bei mittlerer Hitze rundum braun braten, dabei vorsichtig wenden.
5. Den Eisbergsalat putzen, waschen, gut abtropfen lassen und in Streifen schneiden. Den Salat auf einer Platte anrichten, die Hähnchen-Nuggets darauf anrichten und etwas Joghurtsauce dazugeben. Die restliche Sauce separat dazureichen und nach Belieben pro Person eine Scheibe Vollkornbrot.

PRO PERSON: 392 kcal • **EIWEISS:** 41 g • **FETT:** 19 g • **KOHLENHYDRATE:** 14 g • **ZUBEREITUNG:** 25 Min. • **PREIS:** ca. 1,35 Euro

Gefüllter Putenbraten mit Gemüse

Zutaten für 4 Personen

200 g Möhren
200 g Staudensellerie
200 g Fenchel
100 g Frischkäse (Halbfettstufe)
1 TL Senf
Meersalz
Pfeffer aus der Mühle
800 g Putenrollbraten
(vom Metzger vorbereitet)
1 EL Öl
400 ml Geflügelfond
(aus dem Glas)
1 EL Mehl
2 EL Sojasahne

1. Die Möhren putzen und schälen. Den Sellerie putzen und waschen, etwas Grün beiseite legen. Den Fenchel putzen, waschen und längs halbieren. Die Strünke herausschneiden und ebenfalls etwas Grün beiseite legen. Das Gemüse in kleine Würfel schneiden. Das Grün fein hacken und mit dem Frischkäse verrühren. Mit Senf, Salz und Pfeffer würzen.
2. Das Putenfleisch waschen und trocken tupfen. Die Frischkäsecreme auf dem Fleisch verstreichen und das Gemüse darüber verteilen. Das Fleisch aufrollen und mit Küchengarn zusammenbinden.
3. Das Öl in einem Bräter erhitzen und das Putenfleisch darin rundum anbraten. Mit Salz und Pfeffer würzen und den Fond dazugießen. Den Putenbraten zugedeckt bei schwacher Hitze etwa 45 Minuten schmoren lassen.
4. Den Braten herausnehmen und warm halten. Das Mehl mit der Sahne glatt rühren und unter den Bratenfond rühren. Einige Minuten köcheln lassen, mit Salz und Pfeffer abschmecken. Den gefüllten Putenbraten aufschneiden und mit der Sauce servieren.

TIPP:

Servieren Sie zum Rollbraten 600 g geputzte und in wenig Öl und etwas Gemüsebrühe weich gedünstete Bundmöhren.

PRO PERSON: 328 kcal • **EIWEISS:** 54 g • **FETT:** 9 g • **KOHLENHYDRATE:** 8 g • **ZUBEREITUNG:** 1 Std. 10 Min. • **PREIS:** ca. 1,90 Euro

Zitronen-Kalbsschnitzel aus dem Ofen

Zutaten für 4 Personen

4 dünne Kalbsschnitzel (à 100 g)
2 unbehandelte Zitronen
8 Knoblauchzehen
2 EL Olivenöl
2 Zweige Rosmarin
Meersalz
Pfeffer aus der Mühle
4 EL geriebener Parmesan

1. Die Schnitzel behutsam flach klopfen und halbieren. Beide Zitronen heiß abwaschen und trocken reiben. Die eine Zitrone halbieren und auspressen, die andere in Scheiben schneiden.
2. Den Backofengrill einschalten. Zwei Knoblauchzehen schälen und in feine Würfel schneiden, die restlichen Zehen ungeschält und ganz lassen. Das Öl in einer Pfanne erhitzen und die Knoblauchwürfel darin glasig dünsten.
3. Den Knoblauch in der Pfanne zur Seite schieben und die Schnitzel nacheinander auf jeder Seite 2 Minuten anbraten.
4. Den Rosmarin waschen, trocken tupfen und grob zerteilen, mit den Knoblauchzehen und den Zitronenscheiben in eine Auflaufform geben. Die Schnitzel darauflegen, mit dem Zitronensaft beträufeln, mit Salz und Pfeffer würzen und mit dem Parmesan bestreuen. Etwa 5 Minuten grillen, bis die Oberfläche goldbraun und knusprig ist.

TIPP:

Servieren Sie dazu Fenchel, wahlweise als Salat oder gedünstetes Gemüse oder pro Person 2 kleine Scheiben Vollkornbaguette.

PRO PERSON: 206 kcal • **EIWEISS:** 24 g • **FETT:** 2 g • **KOHLENHYDRATE:** 1 g • **ZUBEREITUNG:** 20 Min. • **PREIS:** ca. 2,10 Euro

Schweinefleisch aus dem Wok

Zutaten für 4 Personen

400 g Schweinefilet
3 EL Austernsauce
$1/2$ TL gemahlener Pfeffer
175 g Bambussprossen
(aus der Dose)
100 g Blattspinat
3 EL Sesamöl
1 EL gelbe Currypaste
2 TL Zucker · 2 EL Limettensaft
1 unbehandelte Limette

1. Das Schweinefilet in mundgerechte Stücke schneiden, mit der Austernsauce und dem Pfeffer mischen und anschließend etwa 15 Minuten ziehen lassen.
2. Die Bambussprossen in ein Sieb abgießen, abtropfen lassen und in feine Streifen schneiden. Den Spinat putzen, waschen und abtropfen lassen, die harten Stiele entfernen.
3. Den Wok erhitzen, das Öl hineingeben und das Fleisch darin bei starker Hitze unter ständigem Rühren etwa 2 Minuten anbraten. Die Currypaste dazugeben und gut unterrühren, dann die Bambusstreifen und den Spinat dazugeben. Mit Zucker und Limettensaft abschmecken und alles bei starker Hitze unter ständigem Rühren weitere 2 Minuten braten.
4. Die Limette heiß waschen, trocken abreiben und in Spalten schneiden. Das Schweinefilet auf Schälchen verteilen und mit den Limettenspalten garniert servieren. Dazu passt sehr gut Vollkornbasmatireis.

TIPP:

Natürlich können Sie dieses Gericht auch mit Rindfleisch zubereiten. Dazu passt dann eine etwas feurigere Note – würzen Sie es zum Beispiel mit 3 TL roter Currypaste.

PRO PERSON: 205 kcal • **EIWEISS:** 25 g • **FETT:** 10 g • **KOHLENHYDRATE:** 4 g • **ZUBEREITUNG:** 25 Min. • **PREIS:** ca. 2,- Euro

Schweinefilet auf Ananas-Papaya-Reis

Zutaten für 4 Personen

3 Frühlingszwiebeln
2 EL Öl
200 g Vollkornreis
500 ml Gemüsebrühe
600 g Schweinefilet
1 kleine Papaya
1 Baby-Ananas,
1 Tomate
Meersalz
Pfeffer aus der Mühle
150 g saure Sahne
abgeriebene Schale und Saft von 1 unbehandelten Limette

1. Die Frühlingszwiebeln putzen, waschen und in Ringe schneiden. In einem Topf 1 EL Öl erhitzen und den Reis darin andünsten. Die Brühe dazugießen, kurz aufkochen und zugedeckt bei schwacher Hitze etwa 25 Minuten quellen lassen.
2. In einer Pfanne das restliche Öl erhitzen und das Schweinefilet rundum scharf anbraten. Zugedeckt bei schwacher Hitze 8 bis 10 Minuten fertig garen.
3. Die Papaya schälen, längs halbieren und entkernen, das Fruchtfleisch in Würfel schneiden. Von der Ananas den Stielansatz entfernen. Die Ananas schälen und vierteln, den Strunk entfernen und das Fruchtfleisch in mundgerechte Stücke schneiden. Die Tomate waschen, vierteln und entkernen, das Fruchtfleisch in kleine Würfel schneiden. Das Obst und die Tomate unter den gegarten Reis heben.
4. Das Fleisch aus der Pfanne nehmen, mit Salz und Pfeffer würzen, in Alufolie wickeln und ruhen lassen. Den Bratensatz mit saurer Sahne unter Rühren etwas einkochen lassen. Mit Salz, Pfeffer und etwas Limettensaft würzen.
5. Den Reis mit Salz, Pfeffer, Limettenschale und Limettensaft abschmecken. Das Schweinefilet aus der Folie wickeln und in Scheiben schneiden. Fruchtreis, Filetscheiben und Sauce auf Tellern oder in Schalen anrichten.

TIPP:

Wer noch mehr Fett sparen will, pochiert das Schweinefilet, statt es zu braten. Dafür etwa 1 l Gemüsebrühe zum Kochen bringen und das Schweinefilet darin bei schwacher Hitze 10 bis 12 Minuten gar ziehen lassen.

PRO PERSON: 493 kcal • **EIWEISS:** 39 g • **FETT:** 16 g • **KOHLENHYDRATE:** 46 g • **ZUBEREITUNG:** 30 Min. • **PREIS:** ca. 2,75 Euro

Gefüllte Forellen mit Tomatengemüse

Zutaten für 4 Personen

250 g Tomaten
1 Bund Frühlingszwiebeln
1 Knoblauchzehe
je 1 Bund Petersilie, Basilikum und Estragon
4 Forellen (küchenfertig; à ca. 375 g)
Saft von 1 Zitrone
Meersalz
Pfeffer aus der Mühle
ca. 2 EL weiche Butter

1. Die Tomaten kreuzweise einritzen, überbrühen, häuten, vierteln und entkernen. Die Frühlingszwiebeln putzen, waschen und in feine Ringe schneiden. Den Knoblauch schälen und in feine Würfel schneiden. Die Kräuter waschen und trocken schütteln, die Blätter von den Stielen zupfen und fein hacken. Den Backofen auf 200 °C vorheizen.
2. Die ausgenommenen Forellen von innen am Rückgrat mit einem Messer aufritzen. Die Bauchhöhlen unter fließendem kaltem Wasser gründlich ausspülen. Die Forellen mit Küchenpapier trocken tupfen und innen mit dem Zitronensaft beträufeln. Die Fische innen und außen mit Salz und Pfeffer würzen.
3. Alufolie in vier ausreichend große Stücke schneiden und auf der glänzenden Seite mit Butter bestreichen. Tomaten, Frühlingszwiebeln und Knoblauch in die Bauchhöhlen der Forellen verteilen. Die Kräuter und 1 EL Butter in Flöckchen über die Forellen geben.
4. Die Alufolie jeweils über den Fischen zusammenfalten, dabei die Seiten fest zusammenrollen. Die Enden nach oben klappen und die Forellen im Backofen auf dem Rost etwa 30 Minuten garen.
5. Zum Servieren die Alufolie öffnen. Die Forellen nach Belieben noch mit Dillspitzen und gehackter Petersilie garnieren und Salzkartoffeln und Spinat dazureichen.

PRO PERSON: 261 kcal • **EIWEISS:** 38 g • **FETT:** 10 g • **KOHLENHYDRATE:** 5 g • **ZUBEREITUNG:** 45 Min. • **PREIS:** ca. 3,30 Euro

Lachsfilet mit Mandel-Brokkoli

Zutaten für 4 Personen

1 kg Brokkoli
Meersalz
2 EL Mandelblättchen
500 g Lachsfilet
Saft von 2 Zitronen
Pfeffer aus der Mühle
1 Bund Petersilie
2 Zwiebeln
3 Knoblauchzehen
3 EL Olivenöl
2 EL Vollkornmehl
3 EL Milch (fettarm)
1/4 l Sojasahne

1. Den Brokkoli putzen, waschen und in einzelne Röschen teilen. Die Brokkoliröschen in einem Topf mit Dämpfeinsatz über Salzwasser etwa 20 Minuten bissfest garen.
2. Den Lachs waschen, mit Küchenpapier trocken tupfen und in vier Portionen teilen. Die Lachsstücke mit Zitronensaft beträufeln und mit Salz und Pfeffer würzen.
3. Die Petersilie waschen, trocken schütteln, die Blätter von den Stielen zupfen und fein hacken. Die Zwiebeln und den Knoblauch schälen und beides in feine Würfel schneiden.
4. In einer beschichteten Pfanne 2 EL Olivenöl erhitzen und die Petersilie und den Knoblauch kurz darin anbraten, den Lachs dazugeben und zugedeckt bei schwacher Hitze etwa 10 Minuten dünsten.
5. Für die Sojasahnesauce die Zwiebeln in einem Topf im restlichen Öl glasig braten, das Mehl dazugeben und anschwitzen. Unter Rühren mit der Milch und der Sojasahne ablöschen und die Sauce kurz kochen lassen. Mit Salz und Pfeffer würzen.
6. Den Lachs mit dem Brokkoli auf Tellern anrichten, mit Mandelblättchen bestreuen und etwas Sojasahnesauce darübergeben. Nach Belieben mit bissfest gekochten Vollkornspaghetti servieren.

PRO PERSON: 513 kcal • **EIWEISS:** 39 g • **FETT:** 30 g • **KOHLENHYDRATE:** 20 g • **ZUBEREITUNG:** 30 Min. • **PREIS:** ca. 2,40 Euro

Seelachs auf Rucola-Tomaten-Gemüse

Zutaten für 4 Personen

600 g Seelachsfilet
Saft von $^{1}/_{2}$ Zitrone
Meersalz
Pfeffer aus der Mühle
3 EL Pinienkerne
8 Tomaten
2–3 Bund Rucola (ca. 250 g)
$^{1}/_{2}$ Bund Petersilie
1 EL Butter
1 EL Olivenöl
100 ml Fisch- oder Gemüsefond (aus dem Glas)

1. Den Fisch waschen, trocken tupfen und in mundgerechte Stücke schneiden. Mit der Hälfte des Zitronensafts, Salz und Pfeffer würzen und zugedeckt beiseite stellen.
2. Die Pinienkerne in einer beschichteten Pfanne ohne Fett leicht anrösten. Die Tomaten kreuzweise einritzen, überbrühen, häuten, achteln und entkernen.
3. Den Rucola putzen, waschen und trocken schütteln. Die groben Stiele entfernen und die Blätter in mundgerechte Stücke zupfen. Die Petersilie waschen und trocken tupfen, die Blätter von den Stielen zupfen und fein hacken.
4. Butter und Öl in einer großen Pfanne erhitzen und den Seelachs darin auf jeder Seite leicht anbraten. Den Fond dazugießen und den Fisch zugedeckt etwa 4 bis 5 Minuten dünsten.
5. Rucola und Tomaten zum Fisch seitlich in die Pfanne geben und erhitzen. Mit dem restlichen Zitronensaft, Salz und Pfeffer abschmecken. Mit Pinienkernen und Petersilie bestreut servieren. Dazu passen Salzkartoffeln.

TIPP:

Der Seelachs schmeckt auch auf Blattspinat oder Mangoldgemüse sehr gut.

PRO PERSON: 263 kcal • **EIWEISS:** 30 g • **FETT:** 10 g • **KOHLENHYDRATE:** 11 g • **ZUBEREITUNG:** 20 Min. • **PREIS:** ca. 1,75 Euro

Gemüse-Fisch-Burger mit Zwiebel

Zutaten für 4 Personen

4 schöne Blätter Kopfsalat
2 Tomaten
1 kleine Gurke
1 Zwiebel
400 g Dorschfilet
1 TL Zitronensaft
Meersalz
Pfeffer aus der Mühle
3 EL Mehl
1 EL Sonnenblumenöl
4 Vollkornbrötchen
4 EL Kräuterfrischkäse (fettarm)

1 Die Salatblätter waschen und gut abtropfen lassen. Die Tomaten waschen und in Scheiben schneiden, dabei die Stielansätze entfernen. Die Gurke und die Zwiebel schälen und beides in dünne Scheiben schneiden.

2 Das Dorschfilet waschen, mit Küchenpapier trocken tupfen und in vier etwa gleich große Stücke teilen. Die Filetstücke mit Zitronensaft beträufeln und mit Salz und Pfeffer würzen.

3 Die Fischfilets in Mehl wenden, das überschüssige Mehl etwas abklopfen. Das Öl in einer beschichteten Pfanne erhitzen und die Filets goldbraun anbraten. Die Temperatur reduzieren und den Dorsch etwa 5 Minuten fertig braten, dabei mehrmals wenden.

4 Inzwischen die Brötchen kurz im Backofen oder auf dem Brötchenaufsatz des Toasters aufbacken und halbieren. Die Hälften mit dem Frischkäse bestreichen.

5 Die Brötchenunterseiten mit dem Kopfsalat belegen, die Fischfilets daraufgeben und mit den Tomaten-, Gurken- und Zwiebelscheiben belegen. Die Brötchendeckel auflegen und leicht andrücken.

PRO PERSON: 266 kcal • **EIWEISS:** 25 g • **FETT:** 5 g • **KOHLENHYDRATE:** 29 g • **ZUBEREITUNG:** 20 Min. • **PREIS:** ca. 1,35 Euro

Puten-Burger für die Kids

Zutaten für 4 Personen

1/2 Kopfsalat
3 Tomaten
1/2 Salatgurke
1/2 Kästchen Gartenkresse
1 Handvoll Sojasprossen
16 dünne Scheiben rundes Vollkornbrot
150 g Kräuterfrischkäse (fettarm)
8 Scheiben Putenbrustaufschnitt
Meersalz
Pfeffer aus der Mühle

1 Vom Kopfsalat die äußeren welken Blätter entfernen. Den Salat in die einzelnen Blätter zerteilen, waschen und gut abtropfen lassen. Die Tomaten waschen und in Scheiben schneiden, dabei die Stielansätze entfernen. Die Gurke schälen (oder gut waschen) und ebenfalls in Scheiben schneiden.

2 Die Kresseblättchen vom Beet schneiden und zusammen mit den Sojasprossen in ein Sieb geben, kalt abbrausen und abtropfen lassen.

3 Die Vollkornbrotscheiben gleichmäßig mit dem Frischkäse bestreichen und 4 Scheiben mit den Salatblättern belegen. Dann die Putenbrustscheiben, die Tomaten- und die Gurkenscheiben daraufgeben und mit Salz und Pfeffer würzen. Zum Schluss die Kresse und die Sojasprossen darauf verteilen und mit den restlichen, mit Frischkäse bestrichenen Brotscheiben abdecken und etwas andrücken.

TIPP:

Statt Putenbrustaufschnitt können Sie für die Burger auch mageren kalten Braten oder Roastbeef verwenden. Für Kinder, die kein Fleisch essen mögen, eignet sich als »Eiweißbelag« auch magerer Schnittkäse, Schafskäse oder Stücke von dünnem Omelett. Wenn Sie kein rundes Vollkornbrot bekommen, können Sie einfach aus üblichem Vollkornbrot runde Scheiben ausstechen oder ausschneiden.

PRO PERSON: 226 kcal • **EIWEISS:** 19 g • **FETT:** 2 g • **KOHLENHYDRATE:** 33 g • **ZUBEREITUNG:** 15 Min. • **PREIS:** ca. 1,15 Euro

Sojafrikadellen mit Chilisauce

Zutaten für 4 Personen

400 g Tofu
2 rote und 1 grüne Chilischote
1 Zwiebel
1 Möhre
100 g geriebener Emmentaler
3 EL gehackte Petersilie
2 Eier
Meersalz
Pfeffer aus der Mühle
1/2 grüne Paprikaschote
1 Knoblauchzehe
4 EL Reisessig
2 EL Limettensaft
1 EL Reissirup
(aus dem Bioladen)
2 EL Sojaöl

1. Den Tofu in Würfel schneiden. Die Chilischoten längs halbieren, entkernen und waschen. Je 1 rote und grüne Chilischote beiseite legen, die restliche Schote in feine Würfel schneiden. Die Zwiebel schälen und in feine Würfel schneiden. Die Möhre putzen, schälen und in Würfel schneiden. Alles im Mixer pürieren.
2. Emmentaler, Petersilie und Eier dazugeben, mit Salz und Pfeffer würzen und nochmals durchmixen. Die Tofu-Käse-Masse etwa 1 Stunde kühl stellen.
3. Für die Sauce die Paprikaschote entkernen und waschen. Ebenso wie die beiseite gelegten Chilischoten in feine Würfel schneiden. Den Knoblauch schälen und ebenfalls in feine Würfel schneiden.
4. Paprika-, Knoblauch- und Chiliwürfel in einem Topf mit 200 ml Wasser, Essig, Limettensaft und Reissirup aufkochen und offen 15 Minuten leicht einköcheln lassen.
5. Aus der Tofu-Käse-Masse mit angefeuchteten Händen flache Frikadellen formen.
6. In einer Pfanne das Öl erhitzen und die Sojafrikadellen darin rundum goldbraun braten. Mit der Chilisauce und Vollkornbrot servieren.

PRO PERSON: 309 kcal • **EIWEISS:** 20 g • **FETT:** 21 g • **KOHLENHYDRATE:** 9 g • **ZUBEREITUNG:** 1 Std. 35 Min. • **PREIS:** ca. 1,30 Euro

Gazpacho mit Chili

Zutaten für 4 Personen

je 1 grüne und rote Paprikaschote
1 rote Chilischote
400 g Cocktailtomaten
1 kleine Salatgurke
1 Gemüsezwiebel
2 Knoblauchzehen
600 ml passierte Tomaten
1/4 l kalte Gemüsebrühe
3 EL weißer Aceto balsamico
4 EL Olivenöl
Meersalz
Pfeffer aus der Mühle
Reissirup (aus dem Bioladen)

1. Die Paprikaschoten und die Chilischote der Länge nach halbieren, entkernen und waschen. Die Paprika- und Chilihälften in sehr feine Würfel schneiden.
2. Die Tomaten waschen, trocken reiben und in kleine Würfel schneiden, dabei die Stielansätze entfernen. Die Gurke und die Gemüsezwiebel schälen und ebenfalls in kleine Würfel schneiden. Den Knoblauch schälen.
3. Die feinen Gemüsewürfel in eine große Schüssel geben und den Knoblauch dazupressen. Die passierten Tomaten, die kalte Gemüsebrühe, den Essig und das Öl dazugeben und alles gut vermischen.
4. Die kalte Gemüsesuppe mit Salz, Pfeffer und etwas Reissirup abschmecken und etwa 1 Stunde kalt stellen. Vor dem Servieren nach Belieben mit frischen Kräuterblättchen garnieren. Dazu schmeckt gerösteter Vollkorntoast, den man zuvor mit frischen Knoblauchzehen abgerieben hat.

TIPP:

Wer den Gazpacho lieber weniger stückig mag, kann auch einen Teil der Gemüsewürfel direkt in der kalten Suppe mit dem Stabmixer fein pürieren.

PRO PERSON: 153 kcal • **EIWEISS:** 4 g • **FETT:** 11 g • **KOHLENHYDRATE:** 9 g • **ZUBEREITUNG:** 1 Std. 15 Min. • **PREIS:** ca. 1,10 Euro

Schnittlauchquark auf Vollkornbrot

Zutaten für 4 Personen

1 Bund Schnittlauch
3 Tomaten
$^1/_2$ Bund Radieschen
200 g Speisequark (Magerstufe)
etwas Mineralwasser
(mit Kohlensäure)
Meersalz
Pfeffer aus der Mühle
4 Scheiben Vollkornbrot

1. Den Schnittlauch waschen, trocken schütteln und in feine Röllchen schneiden. Die Tomaten waschen, vierteln, entkernen und in kleine Würfel schneiden. Die Radieschen putzen und waschen, die Hälfte auf der Gemüsereibe fein raspeln, den Rest in feine Scheiben schneiden.
2. Den Quark in einer kleinen Schüssel mit Mineralwasser glatt rühren. Die Tomatenwürfel, die Radieschenraspel und zwei Drittel der Schnittlauchröllchen untermischen. Den Quark mit Salz und Pfeffer würzen.
3. Den Quark auf den Broten verteilen, mit den Radieschenscheiben und den restlichen Schnittlauchröllchen garnieren.

TIPP:

Noch mehr Biss und Geschmack bekommen die Brote, wenn Sie 2 EL Kürbiskerne in einer beschichteten Pfanne ohne Fett leicht anrösten und zusätzlich über den Quark streuen.

PRO PERSON: 270 kcal • **EIWEISS:** 13 g • **FETT:** 1 g • **KOHLENHYDRATE:** 21 g • **ZUBEREITUNG:** 10 Min. • **PREIS:** ca. 0,60 Euro

Nuss-Zucchini-Quark auf Schwarzbrot

Zutaten für 4 Personen

1 Zucchino (ca. 200 g)
½ Bund Petersilie
5 EL Speisequark (Magerstufe)
etwas Mineralwasser
(mit Kohlensäure)
1–2 EL gemahlene Haselnüsse
Meersalz
Pfeffer aus der Mühle
4 Scheiben Vollkornschwarzbrot

1. Den Zucchino putzen, waschen und in sehr feine Stifte schneiden oder auf der Gemüsereibe grob raspeln.
2. Die Petersilie waschen und trocken schütteln, die Blätter von den Stielen zupfen und anschließend fein hacken.
3. Den Quark in einer kleinen Schüssel mit dem Mineralwasser glatt rühren. Die Zucchinistifte, die Haselnüsse und die Petersilie untermischen und den Quark mit Salz und Pfeffer kräftig würzen.
4. Den Nuss-Zucchini-Quark auf den Broten verteilen. Nach Belieben mit Petersilie garnieren und mit Tomatenvierteln anrichten.

TIPP:

Frisch und knusprig schmeckt das Schwarzbrot, wenn Sie es kurz im Toaster oder unter dem Backofengrill anrösten, bevor Sie den Nuss-Zucchini-Quark darauf verteilen. Besonders knackig: Belegen Sie den Quark noch zusätzlich mit grünen Paprikastreifen.

PRO PERSON: 120 kcal • **EIWEISS:** 7 g • **FETT:** 2 g • **KOHLENHYDRATE:** 17 g • **ZUBEREITUNG:** 10 Min. • **PREIS:** ca. 0,35 Euro

Vollkornbrot mit Tomaten und Basilikum

Zutaten für 4 Personen

einige Blätter Basilikum
4 Tomaten
8 kleine Scheiben Vollkornbrot
200 g Speisequark (Magerstufe)
Meersalz · Pfeffer aus der Mühle
Olivenöl zum Beträufeln

1. Die Basilikumblätter waschen, trocken tupfen und in feine Streifen schneiden.
2. Die Tomaten waschen und trocken reiben. Die Tomaten in Scheiben schneiden, dabei die Stielansätze entfernen.
3. Die Brotscheiben gleichmäßig mit dem Quark bestreichen und nach Geschmack mit Salz und Pfeffer bestreuen.
4. Die Tomatenscheiben auf den Broten verteilen, ebenfalls mit Salz und Pfeffer würzen und mit wenig Öl beträufeln. Die Tomatenbrote mit dem Basilikum garniert servieren.

TIPP:

Sie können auch in Öl eingelegte Tomaten verwenden. Das Öl gut auf Küchenpapier abtropfen lassen, anschließend die Tomaten in feine Streifen schneiden und auf den Quarkbroten verteilen.

PRO PERSON: 175 kcal • **EIWEISS:** 11 g • **FETT:** 2 g • **KOHLENHYDRATE:** 27 g • **ZUBEREITUNG:** 10 Min. • **PREIS:** ca. 0,55 Euro

Süßes

Ab und zu etwas Süßes, das darf schon mal sein. Aber es gibt gesunde Alternativen mit viel Obst und wenig Zucker, an denen auch Naschkatzen ihre Freude haben werden.

Pancakes mit Heidelbeeren

Zutaten für 4 Personen

2-3 EL Rapsöl
1 Vanilleschote
2 Eier
1 Eigelb
20 g Puderzucker
200 g Buttermilch
½ TL Natron
150 g Vollkornmehl
2 TL Backpulver
200 g Heidelbeeren
2 EL Ahornsirup
1 EL Puderzucker

1 Die Vanilleschote der Länge nach aufschneiden und das Mark herauskratzen.
2 Die Eier und das Eigelb mit dem Puderzucker und dem Vanillemark verrühren. Die Buttermilch, das Natron, das Rapsöl, das Mehl und das Backpulver dazugeben und alles mit dem Schneebesen zu einem glatten Teig verrühren.
3 Die Heidelbeeren in ein Sieb geben, unter kaltem Wasser abbrausen, gut abtropfen lassen.
4 Etwas Rapsöl in einer Pfanne erhitzen, ein paar Teigkleckse hineingeben, rund verstreichen und bei schwacher Hitze etwa 12 Minuten goldbraun backen. Die Pfannkuchen wenden und weitere 5 Minuten backen. So weiter verfahren, bis der Teig aufgebraucht ist.
5 Die Pancakes auf Tellern anrichten. Mit Ahornsirup beträufeln, mit den Heidelbeeren garnieren und mit dem Puderzucker bestäuben.

TIPP:

Besonders fein werden die Pancakes, wenn Sie für den Teig 100 g Vollkornmehl und 50 g Maismehl nehmen.

PRO PERSON: 337 kcal • **EIWEISS:** 10 g • **FETT:** 12 g • **KOHLENHYDRATE:** 45 g • **ZUBEREITUNG:** 35 Min. • **PREIS:** ca. 0,80 Euro

Erdbeer-Tofu-Creme mit Pistazien

Zutaten für 4 Personen

250 g Tofu
150 g Naturjoghurt (fettarm)
2 EL Honig
1 EL Zitronensaft
200 g Erdbeeren
1 EL gehackte Pistazien

1. Den Tofu waschen und gut abtropfen lassen. Den Tofu zerbröseln und zusammen mit dem fettarmen Joghurt, dem Honig und dem Zitronensaft im Mixer zu einer cremigen Masse pürieren.
2. Die Erdbeeren waschen, auf einem Sieb abtropfen lassen und putzen. Etwa zwei Drittel der Erdbeeren klein schneiden, zum Tofu in den Mixer geben und ebenfalls pürieren. Die restlichen Erdbeeren in Scheiben schneiden.
3. Die Erdbeer-Tofu-Creme auf Dessertschälchen oder -gläser verteilen und mit den Erdbeerscheiben garnieren. Mit den gehackten Pistazien bestreuen und servieren. Nach Belieben ungesüßte Reiswaffeln dazureichen.

TIPP:

Die Creme schmeckt auch mit anderen Beeren wie Himbeeren oder Heidelbeeren sehr gut. Außerhalb der Saison kann man auch tiefgekühlte Beeren für dieses Dessert verwenden. Anstelle von Beeren lässt sich der Tofu auch mit Bananen zubereiten. Die Creme dann vor dem Servieren mit einem Hauch Kakaopulver oder echter Vanille bestreuen.

PRO PERSON: 134 kcal • **EIWEISS:** 7 g • **FETT:** 5 g • **KOHLENHYDRATE:** 14 g • **ZUBEREITUNG:** 15 Min. • **PREIS:** ca. 0,85 Euro

Obstspieße mit Pistaziendip

Zutaten für 4 Personen

40 g geschälte Pistazien
1 Vanilleschote
100 g Speisequark (Magerstufe)
je 1 EL Orangen- und Limettensaft
1 EL Reissirup (aus dem Bioladen)
4 EL Milch (fettarm)
200 g Melonenfruchtfleisch (z. B. Honig- oder Wassermelone)
8 schöne Erdbeeren
2 kleine Nektarinen

1. Für den Pistaziendip die Pistazien mit einem großen Küchenmesser fein hacken. Die Vanilleschote der Länge nach aufschneiden und das Mark mit einem Messer herauskratzen.
2. Den Quark mit Pistazien, Vanillemark, Orangen- und Limettensaft sowie dem Reissirup verrühren. Anschließend die Milch unterrühren.
3. Das Melonenfruchtfleisch gegebenenfalls entkernen und in mundgerechte Stücke schneiden. Die Erdbeeren waschen, putzen und mit Küchenpapier trocken tupfen.
4. Die Nektarinen waschen und trocken reiben. Die Nektarinen halbieren, entsteinen und in Spalten schneiden.
5. Das Obst abwechselnd auf die Spieße stecken. Den Pistaziendip in einem Schälchen anrichten und zu den Spießen servieren.

TIPP:

Für diese Obstspieße können Sie jede Art von Früchten nehmen, zum Beispiel auch Äpfel, Beeren oder Kiwis. Die Fruchtstücke sollten jedoch nicht zu hart oder zu weich sein, damit sie sich gut aufspießen lassen.

PRO PERSON: 158 kcal • **EIWEISS:** 7 g • **FETT:** 6 g • **KOHLENHYDRATE:** 19 g • **ZUBEREITUNG:** 20 Min. • **PREIS:** ca. 0,90 Euro

Überbackene Erdbeeren mit Mandeln

Zutaten für 4 Personen

Fett für die Form
500 g Erdbeeren
2 Eier · Meersalz
2 EL Vollrohrzucker
3 EL Mandelblättchen
1 EL Puderzucker

1. Den Backofen auf 220 °C vorheizen. Eine große Auflaufform oder vier Portionsförmchen einfetten. Die Erdbeeren waschen, putzen und trocken tupfen, größere Früchte nach Belieben halbieren.
2. Die Eier trennen. Das Eiweiß mit 1 Prise Salz sehr steif schlagen. Das Eigelb mit dem Vollrohrzucker cremig rühren. Den Eischnee mit dem Schneebesen vorsichtig unterheben.
3. Die Erdbeeren in der Auflaufform oder in den Portionsförmchen verteilen und mit der Eiercreme bedecken. Dann die Mandelblättchen darüberstreuen.
4. Das Gratin im Backofen auf der mittleren Schiene etwa 12 Minuten goldbraun überbacken. Die gratinierten Erdbeeren mit dem Puderzucker bestäuben und warm servieren.

TIPP:

Dieses Gratin können Sie mit den unterschiedlichsten Früchten zubereiten: beispielsweise mit Pfirsich- oder Pflaumenspalten, gemischten Beeren oder Trauben, bestreut mit Pistazien oder Pinienkernen.

PRO PERSON: 171 kcal • **EIWEISS:** 6 g • **FETT:** 9 g • **KOHLENHYDRATE:** 16 g • **ZUBEREITUNG:** 30 Min. • **PREIS:** ca. 0,70 Euro

Vollkornkuchen mit Nuss und Frucht

Zutaten für eine Kastenform
Ergibt 16 Scheiben

150 g Zucchini
200 g Möhren
500 g Äpfel
1 EL Zitronensaft
1 EL Butter für die Form
3 Eier
150 g Vollrohrzucker
Meersalz
100 g gemahlene Haselnüsse
150 g Vollkornmehl
1 Päckchen Backpulver
100 g Speisestärke

1. Die Zucchini putzen und waschen, die Möhren putzen und schälen. Beides auf der Gemüsereibe fein in eine Schüssel raspeln.
2. Die Äpfel vierteln, entkernen, schälen und das Fruchtfleisch in sehr kleine Würfel schneiden. Sofort mit dem Zitronensaft beträufeln. Den Backofen auf 170 °C (Umluft) vorheizen und eine Kastenform mit der Butter einfetten.
3. Die Eier mit dem Zucker und 1 Prise Salz in einer Schüssel mit dem Handrührgerät schaumig rühren, dann die Gemüseraspel und die gemahlenen Haselnüsse dazugeben und unterrühren.
4. Das Mehl mit Backpulver und Speisestärke mischen und ebenfalls unter die Masse heben, zum Schluss die Apfelstückchen untermischen.
5. Den Teig in die Kastenform füllen und den Kuchen auf der mittleren Schiene etwa 1 Stunde backen. Den Vollkornkuchen aus dem Backofen nehmen, kurz ruhen lassen, dann aus der Form stürzen und vollständig erkalten lassen.

TIPP:

Dieser Kuchen ist herrlich saftig und bleibt dies auch über Tage. Am besten bewahrt man ihn in Alufolie eingewickelt auf, dann hält er bis zu einer Woche.

PRO SCHEIBE: 158 kcal • **EIWEISS:** 3 g • **FETT:** 6 g • **KOHLENHYDRATE:** 22 g • **ZUBEREITUNG:** 1 Std. 20 Min. • **PREIS:** ca. 0,30 Euro

Apfeltäschchen mit Zimt

Zutaten für 4 Personen
Ergibt 10 Stück

450 g Tiefkühl-Blätterteig (in Scheiben)
1 Zitrone
4 säuerliche Äpfel (z. B. Boskop)
1 EL Zimtpulver
1 EL Zucker
1 Ei
2 EL Milch (fettarm)
Puderzucker

1. Die Blätterteigscheiben zum Auftauen nebeneinanderlegen. Den Backofen auf 200 °C vorheizen und ein Backblech mit Backpapier auslegen.
2. Die Zitrone auspressen. Die Äpfel vierteln, entkernen, schälen und das Fruchtfleisch quer in feine Scheiben schneiden. In eine Schüssel geben und mit dem Zitronensaft beträufeln. Zimtpulver und Zucker dazugeben und gut durchmischen.
3. Das Ei trennen. Die Teigscheiben halbieren, sodass quadratische Stücke entstehen. Die Äpfel in der Mitte der Blätterteigscheiben verteilen. Das Eiweiß verquirlen und die Teigränder damit bestreichen. Die Teigecken in die Mitte auf die Äpfel klappen und die Ränder gut zusammendrücken.
4. Das Eigelb mit der Milch in einem Schälchen verrühren. Die Blätterteigtaschen auf das Backblech setzen und mit der Mischung aus Eigelb und Milch bestreichen. Im heißen Backofen etwa 20 Minuten goldgelb backen. Nach Belieben mit Puderzucker bestäuben und noch warm servieren.

TIPP:

Wie kleine Apfelstrudel schmecken die Täschchen, wenn Sie noch Rosinen unter die Äpfel mischen. Ganz Eilige können die Teigtaschen einfach mit ihrer Lieblingsmarmelade füllen.

PRO STÜCK: 242 kcal • **EIWEISS:** 3 g • **FETT:** 16 g • **KOHLENHYDRATE:** 22 g • **ZUBEREITUNG:** 40 Min. • **PREIS:** ca. 0,25 Euro

Register

Rezeptregister

Bildnachweis

Alexander Haselhoff: 19, 22-23, 25, 33, 38, 39, 46, 51, 54, 90-91, 138-139; **Jo Kirchherr:** 80, 81, 83, 84, 85, 87, 94, 95, 96, 100, 105, 107, 110, 111, 115, 133, 137, 141, 142, 143, 146, 152, 159, 162, 163, 165, 167, 168, 169, 173, 177, Umschlagsseite hinten (o.r.); **Dr. Kai-Uwe Nielsen:** 8-9, 14, 30-31, 36-37, 40-41, 44, 48-49, 61, 78-79, 120-121, 170-171, Umschlagsseite hinten (o.l.); **Walter Cimbal:** 75, 76 (o.l., u.l., u.r.), 77 (u.l.); **Willi Weber:** 7; **IFA-Bilderteam:** 63; **Ifa-Bilderteam/IT-Stock:** 64, 69, 70; **Ifa-Bilderteam/BE&W:** 66; **Image Bank/Sean Justice:** 27; **Getty Images/Karan Kapoor:** 12; **Getty Images/D. Day:** 17; **Getty Images/ B. Ayres:** 43; **Photography Eising:** 93; **StockFood/Bayside:** 136, 155; **StockFood/H. Bischof:** Vignette (122-137), 132; **StockFood/M. Boyny:** 119; **StockFood, J. Cazals:** 92; **StockFood/U. Bender:** 97, 99, 145; **StockFood/S. Eising:** Vignette (10-21, 24-77, 92-119), 77 (o. l., u. r.), 101, 109, 113, 126, 140, 153, 158, 175; **StockFood/S. & P. Eising:** Vignette (140-169), 77 (o.r.), 117, 125, 127, 129, 131, 151, 154, 157, Umschlagsseite hinten (o.m.); **StockFood/Food-Photography Eising:** Vignette (172-179), 106, 116, 122, 123, 130, 135, 148, 149, 161, 172, 176, 179; **StockFood/I. Garlic:** 114; **StockFood/R. Jung Photogr.:** 102; **StockFood/ Kompatscher-Hoppe, A.:** 56; **StockFood/L. Lister:** 164; **StockFood/Oberhauser, A.:** 58; **StockFood/ A. Plewinski:** Vignette (80-89); 89; **StockFood/Sporrer/Skowrnek:** 88; **StockFood/J.C. Vaillant:** 103; **StockFood/Verlag Zabert Sandmann:** 76 (o.r.); **Tresor TV Produktions GmbH:** 20